Sepp Brandl

Wilder Kaiser

Zahmer Kaiser – Kufstein – St. Johann – Kaiserwinkl

56 ausgewählte Wanderungen im und um das Kaisergebirge

BERGVERLAG ROTHER GMBH • MÜNCHEN

ROTHER WANDERFÜHRER

Abruzzen
Achensee
Adlerweg
Ahrsteig
Albsteig
Algarve
Allgäu 1, 2, 3, 4
Allgäuer Alpen
AlpeAdriaTrail

Altmühltal
Altmühltal-Panoramaweg
Andalusien Süd
Annapurna Treks
Antholz - Gsies
Aostatal
Appenzeller Land
Apulien
Ardennen
Arlberg - Paznaun
Arnoweg
Augsburg
Außerfern
Australien
Auvergne
Azoren
Baskenland
Bayerischer Wald
Berchtesgaden -Lienz
Berchtesgadener Land
Bergisches Land
Berlin
Bern
Berner Oberland Ost
Berner Oberland West
Bodensee Nord, Süd
Bodensee - Rätikon
Böhmerwald
Bolivien
Bozen - Kaltern
Brandnertal
Bregenzerwald
Bremen - Oldenburg
Brenta
Bretagne
Bulgarien
Burgund
Cevennen
Chiemgau
Chiemsee
Chur - Hinterrhein
Cilento
Cinque Terre
Comer See
Cornwall-Devon
Costa Blanca
Costa Brava
Costa Daurada
Costa del Azahar
Côte d'Azur
Dachstein-Tauern Ost
Dachstein-Tauern West
Dänemark-Jütland
Dalmatien
Dauphiné Ost, West
Davos
Dolomiten 1, 2, 3, 4, 5, 6, 7
Dolomiten-Höhenwege 1-3, 4-7, 8-10
Donausteig
E5 Konstanz - Verona
Ecuador
Eifel
Eifelsteig
Eisenwurzen
El Hierro
Elba
Elbsandsteingebirge
Elsass
Emmental
Ober-, Unterengadin
England Mitte, Nord, Süd
Erzgebirge
Fichtelgebirge
Fränkische Schweiz
Fränkischer Gebirgsweg
Frankfurt
Freiburg
Friaul-Julisch Venetien
Fuerteventura
Galicien
Gardaseeberge
Garhwal - Ladakh
Gasteinertal
Genfer See
Gesäuse
Glarnerland
Glockner-Region
Goldsteig
La Gomera
Gran Canaria
Grazer Hausberge
Gruyère - Diablerets
GTA
Hamburg
Harz
Haute Route
Hawaii
Hochkönig
Hochschwab
Hohenlohe
Hunsrück
Ibiza
Innsbruck
Irland
Isarwinkel
Island
Israel
Istrien
Jakobsweg - Caminho Português
Jakobsweg - Camino del Norte
Französischer Jakobsweg Le Puy - Pyrenäen, Straßburg - Le Puy
Jakobsweg Marburg - Vézelay
Jakobswege Österreich
Jakobswege Schweiz
Spanischer Jakobsweg
Südfranzösischer Jakobsweg - Via Tolosana
Südwestdeutsche Jakobswege
Julische Alpen
Jura, Französischer
Jura, Schweizer
Kärntner Seen
Kalabrien
Kapverden
Karawanken
Karnischer Höhenweg
Karwendel
Kaunertal
Kitzbüheler Alpen
Kleinwalsertal
Korfu
Korsika
Korsika - GR 20

Korsika - Mare e Monti
Kraichgau
Kreta
Kurhessen
La Palma
La Réunion
Lahnwanderweg
Lago Maggiore
Languedoc-Roussillon
Lanzarote
Lappland
Lechweg
Lesbos - Chios
Limesweg
Lofoten
Lothringen
Lungau
Luxemburg - Saarland
Madeira
Mallorca
Marken - Adriaküste
Marokko
Masuren
Maximiliansweg
Mecklenburgische Seenplatte
Menorca
Meran
Mont Blanc
Montafon
Montenegro
Mosel
Moselhöhenweg
Moselsteig
Mühlviertel
München
München - Venedig
Münsterland
Neanderlandsteig
Golf von Neapel
Neckarweg
Neuseeland
Neusiedler See
Niedere Tauern Ost
Niederlande
Niederrhein
Nockberge
Normandie
Norwegen Mitte, Süd, Jotunheimen
Oberlausitz
Oberpfälzer Wald
Oberschwaben
Odenwald
Ötscher
Ötztal
Ötztal - Pitztal Trekking
Ossola-Täler
Ostfriesland
Ostseeküste
Ost-Steiermark
Osttirol Nord, Süd
Patagonien
Peaks of the Balkans
Peloponnes
Peru
Pfälzer Weinsteig
Pfälzerwald
Pfaffenwinkel
Picardie
Picos de Europa
Piemont Nord, Süd
Pinzgau
Pitztal
Portugal Nord
Provence
Pyrenäen 1, 2, 3, 4
Pyrenäen - GR 11
Regensburg
Rheinhessen
Rheinsteig
Rhön
Riesengebirge
Rom - Latium
Route de Ländle
Rügen

Ruhrgebiet
Rumänien - Südkarpaten
Salzalpensteig
Salzburg
Salzburg - Triest
Salzkammergut Ost
Salzkammergut West
Samos
Sardinien
Sauerland
Savoyen
Schaffhausen
Schottland
Schwabenkinder-Wege Oberschwaben, Schweiz - Liechtenstein, Vorarlberg
Schwäbische Alb Ost
Schwäbische Alb West
Schwarzwald Fernwanderwege
Schwarzwald Mehrtagestouren Mitte/Nord, Süd/Mitte
Schwarzwald Nord, Süd
Schweden Mitte, Süd
Seealpen
Seefeld
Sierra de Gredos
Sierra de Guadarrama
Sizilien
Spessart
Steigerwald
Steirisches Weinlan
Sterzing
Stubai - Wipptal
Trekking im Stubai
Stuttgart
Südafrika West
Surselva
Sylt, Amrum, Föhr
Tannheimer Tal
Tasmanien
Hohe Tatra
Tauern-Höhenweg
Hohe Tauern Nord
Tauferer Ahrntal
Taunus
Tegernsee
Teneriffa
Tessin
Teutoburger Wald
Thüringer Wald
Tiroler Höhenweg
Toskana Nord, Süd
Türkische Riviera
Uckermark
Umbrien
Ungarn West
Usedom
Vanoise
Veltlin
Vía de la Plata
Via Francigena
Via Gebennensis
Vierwaldstätter See
Vinschgau
Vogelsberg
Vogesen
Vogesen Mehrtagestouren
Vogesen-Durchquer
Wachau
Waldviertel
Wales
Oberwallis
Unterwallis
Walliser Alpen
Weinviertel
Welterbesteig Wach
Weserbergland
Westerwald
Westerwald-Steig
Wien
Wiener Hausberge Nord, Süd
Wilder Kaiser
Zillertal
Trekking im Zillertal
Zürichsee
Zugspitze
Zypern

Vorwort

Das Kaisergebirge mit seinen zwei Gebirgsstöcken, dem Zahmen und dem Wilden Kaiser, ist zweifellos eine der attraktivsten Gebirgsgruppen der Ostalpen. Es übt nicht nur auf Kletterer eine geradezu magische Anziehungskraft aus, sondern fasziniert durch seinen Formenreichtum auch den Wanderer. Tausende kommen jährlich, um sich an den großartigen Landschaftsbildern zu erfreuen, manch anspruchsvollen Gipfel zu besteigen, abwechslungsreiche Höhenwege zu begehen oder auch nur gastliche Hütten zu besuchen. Unser Wanderführer begleitet Sie auf sonnige Almen und zu den schönsten Aussichtspunkten, an dunkle Waldseen und in tief eingeschnittene Täler und Schluchten sowie zur einzigen Eis- und Tropfsteinhöhle Tirols. Er weist den Weg zu beliebten Rastplätzen und Wanderzielen, aber auch in stille, beschauliche Winkel und er stellt die schmucken Dörfer und betriebsamen Städte rund um das Kaisergebirge vor.
Das Wandergebiet reicht über die beiden Kaiserstöcke hinaus und erfasst bei knapp der Hälfte der Touren den Saum der angrenzenden Gebirgsgruppen im Unterinntal und im Chiemgau, die westlichen Ausläufer der Loferer Steinberge und einige Gipfel am Nordrand der Kitzbüheler Alpen.
Bei der Zusammenstellung des Tourenmenüs wurde darauf geachtet, dass es ein reichhaltiges und breit gefächertes Angebot aller Schwierigkeitsstufen enthält, damit sowohl weniger geübte Wanderer als auch erfahrene Bergfexe auf ihre Kosten kommen. Im Felsenreich des Kaisers ist es allerdings von der Natur gegeben, dass zahlreiche Steige und Gipfel erhöhte technische und auch konditionelle Anforderungen stellen.
Die Wandersaison im und um das Kaisergebirge dauert je nach Witterung und Höhe des Tourenzieles von Mai bis Ende Oktober/Anfang November. Im Kapitel »Winterwandern« werden einige Ganzjahresziele aufgelistet.
In der Hochsaison von Juli bis Ende September sind besonders an sonnigen Wochenenden die Schutzhütten und Hauptrouten stark frequentiert. An späten Herbsttagen, wenn die Urlaubssaison gelaufen ist, stellt sich nicht selten eine ruhige und stabile Schönwetterlage mit erstklassiger Fernsicht ein. Um diese Zeit sind die meisten Hütten zwar schon geschlossen und die höchsten Gipfel häufig schon vom ersten Schnee überzuckert, doch auf sonnseitigen Wanderwegen unterhalb der Schneegrenze kann man oft noch alpine Festtage in Stille genießen.
Erleben Sie viel Freude auf Ihren Touren im und um das Kaisergebirge und kommen Sie vor allem immer gut heim!

Niederndorf, im Frühjahr 2017 Sepp Brandl

Inhaltsverzeichnis

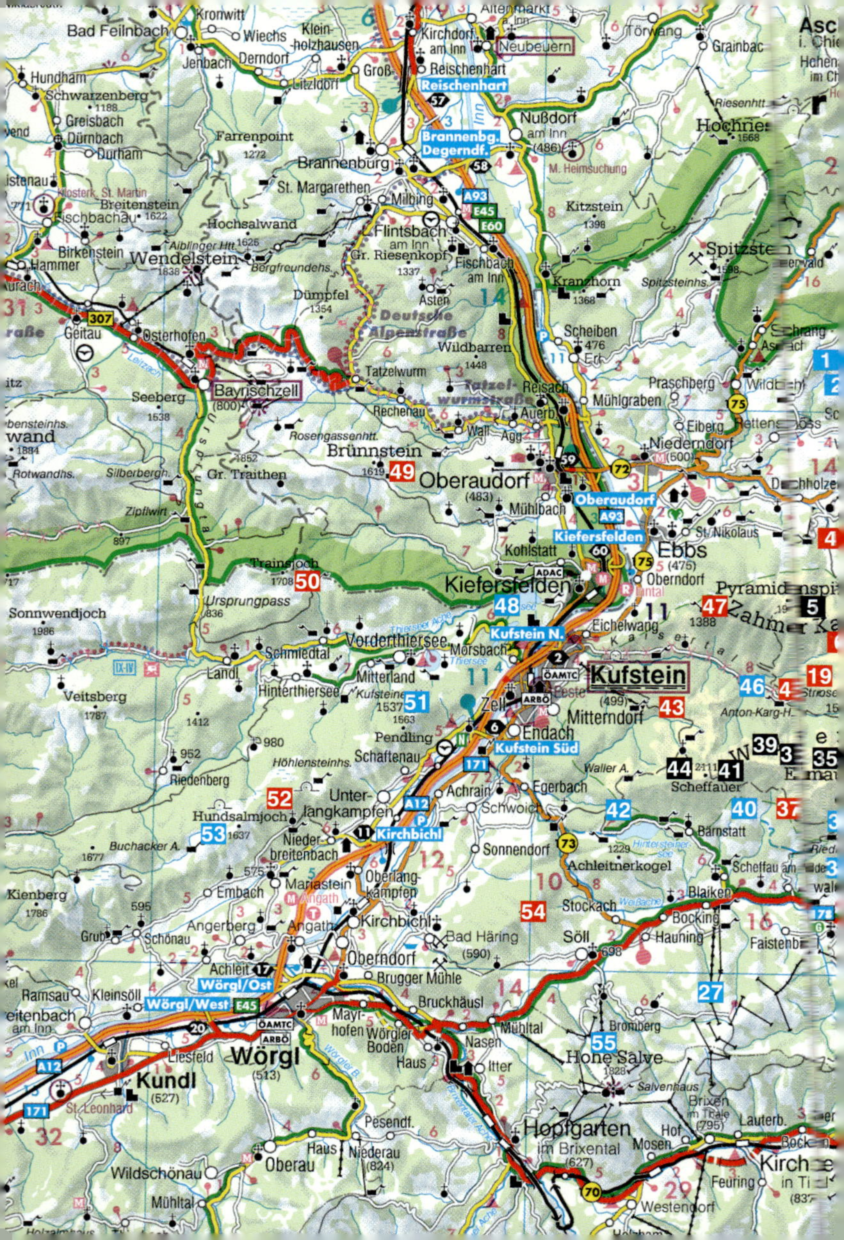

Bad Feilnbach
Kronwitt
Wiechs
Klein-
holzhausen
Kirchdorf
am Inn
Neubeuern
Törwang
Grainbach
Jenbach
Derndorf
Groß-
Reischenhart
Reischenhart
Hundham
Litzldorf
Schwarzenberg
1188
Greisbach
Dürnbach
Durham
Farrenpoint
1272
Nußdorf
am Inn
(486)
Riesenhütt
Hochries
1568
Brannenbg.
Degerndf.
Brannenburg
M. Heimsuchung
Kloster St. Martin
Breitenstein
1622
St. Margarethen
Milbing
Fischbachau
Hochsalwand
Flintsbach
am Inn
Gr. Riesenkopf
1337
A93
E45
E60
Kitzstein
1398
Aiblinger Htt.
1625
Birkenstein
Wendelstein
1838
Bergfreundehs.
Fischbach
am Inn
Asten
Kranzhorn
1368
Spitzstein
1598
Spitzsteinhs.
Hammer
Dümpfel
1354
Deutsche
Alpenstraße
307
Geitau
Osterhofen
Leitzach
Scheiben
476
Erl
Schrang
Wildbarren
1448
Seeberg
1538
Bayrischzell
(800)
Tatzelwurm
Tatzelwurmstraße
Reisach
Mühlgraben
Praschberg
Rechenau
Wall
Agg
Auerb.
Eiberg
Niederndorf
(500)
Rotwandhs.
Rosengassenhtt.
Brünnstein
1619
49
Oberaudorf
(483)
Mühlbach
59
72
Oberaudorf
A93
St. Nikolaus
Silberbergh.
Gr. Traithen
1852
Zipflwirt
897
Kohlstatt
Kiefersfelden
60
Ebbs
(475)
Oberndorf
Trainsjoch
1708
50
ADAC
Kiefersfelden
75
Pyramidenspitze
Ursprungpass
836
48
47
Zahmer Kaiser
1388
5
Sonnwendjoch
1986
Eichelwang
Kaisertal
Kufstein N.
Vorderthiersee
Thiersee
Mörsbach
Schmiedtal
Landl
2
ÖAMTC
Kufstein
(499)
46
4
19
Veitsberg
1787
Hinterthiersee
Mitterland
Kufsteiner Hs.
1537
1563
51
Zell
ARBÖ
Mitterndorf
43
Anton-Karg-H.
1412
980
952
Pendling
Endach
Kufstein Süd
Höhlensteinhs.
Schaftenau
171
Waller A.
44
2111
41
39
35
Scheffauer
Riedenberg
52
Unter-
langkampfen
Achrain
Egerbach
42
40
37
Hundsalmjoch
53
1637
A12
Schwoich
Bärnstatt
Buchacker A.
1677
Nieder-
breitenbach
Kirchbichl
Sonnendorf
73
1229
Hintersteiner See
Scheffau am Wilden Kaiser
Achleitnerkogel
Kienberg
1786
575
Embach
Mariastein
Angath
Oberlang-
kampfen
54
Stockach
Weißache
Blaiken
595
Angerberg
Kirchbichl
Bad Häring
(590)
Söll
698
Bocking
Hauning
Faistenbau
Grub
Schönau
Angath
Oberndorf
Achleit
17
Wörgl/Ost
Brugger Mühle
27
Ramsau
Kleinsöll
Wörgl/West
E45
Bruckhäusl
Breitenbach
am Inn
ÖAMTC
Mayr-
hofen
Wörgler
Boden
Mühltal
20
ARBÖ
Nasen
Bromberg
55
Inn
A12
Liesfeld
Wörgl
(513)
Wörgler B.
Haus
Itter
Hohe Salve
1828
Kundl
(527)
Salvenhaus
Brixen
im Thale
(795)
171
St. Leonhard
Brixentaler Ache
Pesendf.
Hopfgarten
im Brixental
(627)
Hof
Mosen
Lauterb.
32
Haus
Niederau
(824)
Kirchberg
in Tirol
Wildschönau
Oberau
70
Feuring
Westendorf
Mühltal

Alpenstraße
Kuchelm
Grassau
Reifing
Egerndach
Großstaffen
Kampenwand
Piesenhausen
Marquartstein
Hochgern
Hochfelln
Bacherwinkl
Buchschachen
Neustadl
Zinnkopf
Vordermiesen
Obergschwendt
Ruhpolding
Grashof
Wasen
Raiten
Unterwössen
Rexau
Rechenberg
Brand
Urschlau
Eisenberg
Waich
Rauschberghaus
Deutsche Alpenstraße
Mühlau
Mettenham
Schleching
Achberg
Ettenhausen
Brem
Hinterwössen
Ob.-wössen
Gurnwandkopf
Seehaus
Förchensee
Streichen
Chiemgauer Alpen
Lödensee
Mittersee
Weitsee
Taubenseehtt.
Klobenstein
Reit im Winkl
Entfelden
Mühlprachkopf
Fischbach A.
Sonnwendjoch
Dürrnbachhorn
Kössen
Unterbichl
Groissenbach
Blindau
Schwarzlofer
Seegatterl
Winklmoos A.
Heutal
Hütte
Waidach
Lofer
Weißenbach
Gundharting
Durchen
Bichlach
Schwendt
Scheibenwaldhtt.
Unterberghorn
Hindenburghtt.
Obere Hemmersuppen A.
Scheibelberg
Gföll
Dietrichshorn
Straubinger Hs.
Fellhorn
Brennhütte
Steinplatte
Loferer A.
Haus Schönblick
Grubhörndl
Steger
Schnappen
Scheibenkogel
Pechtl
Wohlmuting
Hausergasse
Sonnwendwand
Strubtal
Lofer
Kohlenberg
Griesenau
Reiterdörfl
Wald
Waidring
Unterwasser
Pass Strub
Erpfendorf
Hochgründberg
Ackerlspitze
Gasteig
Kirchdorf in Tirol
Jageregg
Haberberg
St. Adolari
Niedersee
Schmiedt Zabierow-Htt.
Mitterhorn
Loferer Steinberge
Gscheuerkopf
Niederkaiser
Litzlfelden
Furth
Moosen
Niederhofen
Ghf. Adlerspoint
Kirchberg
Kalkstein
Pillersee
St. Ulrich am Pillersee
Gr. Ochsenhorn
Vorderkaser klamm
Schwentling
Sonnseite
Reisch
Rettenbach
St. Johann in Tirol
Wallerberg
Weißleiten
Going
Stangl
Sperten
Apfeldorf
Winkl-Sonnseite
Straß
Schwendt
Hochsäul
Wilden Kaiser
Oberndorf in Tirol
Sommerrodelbahn
Wiesenschwang
Gruberau
Filzen
St. Jakob in Haus
Flecken
Angereralm
Rosenegg
Mühlau
Kitzbüheler Horn
Lehmgrube
Pfaffenschwendt
Hochfilzen
Munichau
Römerweg
Alpenhaus
Fieberbrunn
Lindau
Feistenau
Grießenpass
Klausen
Lebenberg
Kitzbühel
Stuckkogel
Pletzerbach
Seidlalm
Hahnenkamm
Wildseeloderhaus
Staudach

Allgemeine Hinweise

Anforderungen

Die meisten Wanderungen verlaufen – soweit nicht gesondert vermerkt – auf gut markierten und instand gehaltenen Wegen und Steigen. Dies sollte jedoch nicht darüber hinwegtäuschen, dass manche Stellen Trittsicherheit und Schwindelfreiheit erfordern. Außerdem ist zu beachten, dass die Touren im Frühsommer und Herbst sowie nach längeren Schlechtwetterperioden einen erhöhten Schwierigkeitsgrad aufweisen können und dass manche Wege infolge von außergewöhnlichen Natureinflüssen vorübergehend gesperrt werden müssen.
Wanderungen, die auch für Familien mit Kindern ab 8 bis 10 Jahren geeignet erscheinen, sind durch ein Symbol gekennzeichnet. Die letzte Entscheidung müssen aber die Eltern treffen. Um die jeweiligen Anforderungen besser einschätzen und vergleichen zu können, wurden die Nummern der einzelnen Tourenvorschläge mit verschiedenen Farben markiert. Es sei darauf hingewiesen, dass die Übergänge zwischen den einzelnen Schwierigkeitsstufen (Farben) fließend sind und dass eine eindeutige Zuordnung nicht immer möglich ist. Die Farben geben keine Auskunft über die konditionellen Anforderungen, sondern nur über die technischen Schwierigkeiten einer Tour. Sie erklären sich wie folgt:

Abkürzungen und Symbole

AV	Alpenverein		mit Bahn/Bus erreichbar
B./L.	Betten/Lager		Einkehrmöglichkeit unterwegs
bew.	bewirtschaftet		für Kinder geeignet
Ghs.	Gasthaus		Ort mit Einkehrmöglichkeit
gj.	ganzjährig		Einkehrmöglichkeit, Schutzhaus
Hm	Höhenmeter		Unterstand
Jst.	Jausenstation	P	eingerichteter Parkplatz
KV	Kreisverkehr		Fahrt mit Seilbahn / Sessellift
li. / re.	links / rechts		klettersteigähnliche Passage
»rot«	Schwierigkeitsangabe	†)(	Gipfel / Pass, Sattel, Scharte
TV	Tourismusverband		Burg, Schloss, Ruine / Turm
TVN	Naturfreunde		Kirche, Kapelle, Marterl / Bildstock
Ww.	Wegweiser		Quelle, Brunnen / Wasserfall
WKS	Wilder-Kaiser-Steig		Höhle

Über den Gscheuerkopf im Niederkaiser (Tour 23) – links hinten Reiteralpe, rechts Loferer Steinberge.

Leicht Die Routen sind gut markiert und ausreichend breit, sie verlaufen aber nicht nur auf Straßen und befestigten Wegen, sondern auch auf holperigen Alm- und Waldsteigen, die unter normalen Bedingungen auch von Kindern und rüstigen Senioren ohne große Gefahr bewältigt werden können.

Mittel Rote Steige sind ausreichend markiert, überwiegend aber schmal und über kurze Strecken bereits etwas ausgesetzt. Kurze Abschnitte können mit Drahtseilen gesichert sein und sollten daher nur von trittsicheren Bergwanderern mit entsprechender Ausrüstung begangen werden.

Schwierig Die Steige sind ebenfalls ausreichend markiert, aber schmal und über weite Abschnitte steil angelegt. Stellenweise können sie sehr ausgesetzt sein, manchmal wird die Zuhilfenahme der Hände notwendig. Das bedeutet, dass schwarze Routen nur von schwindelfreien, absolut trittsicheren, konditionsstarken und alpin erfahrenen Wanderern begangen werden sollten.

GPS-Tracks

Zu den Hauptrouten sämtlicher Touren stehen auf der Homepage des Bergverlag Rother (www.rother.de) GPS-Tracks zum kostenlosen Download bereit – Benutzername: **gast** / Passwort: **wfWiKai10sw7be**
Die Tracks wurden überwiegend mithilfe von Karten erstellt. Verlag und Autor haben die Daten nach bestem Wissen und Gewissen überprüft. Dennoch können Fehler oder Abweichungen nicht ausgeschlossen werden, sodass gutes Kartenmaterial jede Bergtour zusätzlich begleiten sollte.

Karten

Genaue Beschreibungen der Wanderrouten sowie Kartenausschnitte mit eingezeichnetem Routenverlauf machen weiteres Kartenmaterial zwar entbehrlich, zum besseren Überblick über das Tourengebiet wird aber die Wanderkarte 301 »Kufstein, Kaisergebirge, Kitzbühel« im Maßstab 1:50.000 von Freytag & Berndt empfohlen, in der alle Wandervorschläge enthalten sind. Besonders geeignet ist auch die AV-Karte »Kaisergebirge«, 1:25.000.

Gefahren

Die meisten Wanderungen in diesem Führer folgen Wegen oder Straßen, und alle Routen waren im Jahr vor Drucklegung gut markiert. An abrutschgefährdeten Stellen, bei der Querung von Steilhängen oder hart gefrorenen Altschneefeldern, im steinschlaggefährdeten Gelände und auf nassglattem bzw. vereistem Untergrund aber ist erhöhte Vorsicht am Platze. Verschlechtert sich das Wetter auf einer Tour deutlich, so ist Mut zur Umkehr erforderlich. Bei unzureichendem Trainingszustand sollte man sich mit einem Teilziel zufriedengeben, wie es bei den meisten Wandervorschlägen zu finden ist.

Zu dritt unterwegs – eine ideale Besetzung auf einer Bergwanderung.

Ausrüstung

Festes Schuhwerk mit kantiger Profilsohle, eine der Witterung und Höhe angepasste Kleidung, Rucksack mit Pullover, Mütze, Anorak, Regen- und Sonnenschutz, Proviant und reichlich Flüssigkeit (kein Alkohol!) sowie Verbandszeug und Handy werden zur Mitnahme empfohlen.

Gehzeiten

Die angegebenen Gehzeiten liegen unter 400 Hm/Std. für den Auf- und unter 600 Hm/Std. für den Abstieg; Rast- und Fotopausen sind nicht mitgerechnet.

10 Top-Touren rund um den Wilden Kaiser

Steinerne Rinne

Eine von imposanten Kletterwänden flankierte Felsenschlucht, die den Atem raubt. Ein Kaiserbild in Vollendung! (Tour 18, 6.30 Std., »schwarz«).

Stripsenkopf und Feldberg

Die beiden Gipfel gewähren einen unübertrefflichen Blick in die nordseitigen Kare und auf die berühmten Kletterberge im Wilden Kaiser. Bilder, die nicht mehr loslassen (Tour 19, 6.00 Std., »rot«)!

Kitzbüheler Horn

Abwechslungsreiche Steige auf einen erstklassigen Aussichtsberg! Für Bergfexe am schönsten: Aufstieg über die Hoferschneid, Abstieg auf dem Scheiberweg (Tour 24, 4.45 Std., »rot«).

Ackerl- und Maukspitze

Die beiden Gipfel sind zusammen, aber auch jeder für sich eine Herausforderung für konditionsstarke, schwindelfreie Bergsteiger und bieten im Nah- und Fernblick begeisternde Landschaftsbilder (Tour 29, 8.45 Std., »schwarz«)!

Baumgartenköpfl

Ein unscheinbarer, gut erreichbarer Sporn mit einem Bergsteigergrab auf der Südseite des Wilden Kaiser. Seit jeher als einer der »schönsten Rast- und Schauplätze« im Gebiet gerühmt (Tour 30, 3.45 Std., »rot«)!

Klamml und Jubiläumssteig

Eine spannende Rundtour mit reichlich Felskontakt und drei charmanten Hütten in typischer Kaiserlandschaft. (Tour 33, 3.30 Std., »schwarz«).

Ellmauer Halt

Ein landschaftlich reizvoller und origineller Klettersteig auf den höchsten Kaisergipfel mit bestechender Rundsicht. Ein Highlight für Geübte (Tour 35, 7.15 Std., »schwarz«)!

Scheffauer

Der nordseitige und daher an heißen Tagen angenehme Widauersteig bietet dem trittsicheren und schwindelfreien Alpinisten viel, aber stellenweise brüchigen Fels auf gut gesicherten Passagen (Tour 44, 7.00 Std., »schwarz«).

Hinterbärenbad

Das Kaisertal mit der fotogenen Bergkulisse, traditionsreichen Höfen, Hütten und Gaststätten zieht fast das ganze Jahr über die Wanderer in seinen Bann (Tour 46, 5.30 Std., »blau«).

Pendling

Schattige, gut ausgebaute Wege und eine gastliche Hütte locken jährlich unzählige Bergwanderer auf den imposanten, aussichtsreichen Felspfeiler am Eingang des Tiroler Unterinntals (Tour 51, 3.15 Std., »blau«).

Einkehrmöglichkeiten

Die an den Wanderrouten gelegenen Gasthäuser, Jausenstationen, bewirtschafteten Almen und Schutzhütten (mit Betten- und Lagerzahl sowie Öffnungszeiten und teilweise mit Telefonnummern) sind in den jeweiligen Tourensteckbriefen unter dem Punkt »Einkehr« aufgeführt.

Verkehrswege und Verkehrsmittel

Das Wandergebiet um das Kaisergebirge ist mit dem Pkw am bequemsten über die Inntalautobahn, mit der deutschen und österreichischen Bahn auf den Strecken München – Innsbruck und Salzburg – Innsbruck erreichbar. Darüber hinaus bestehen grenzüberschreitende Buslinien zwischen Bayern und Tirol sowie ein gut ausgebautes Busnetz für den Nahverkehr.

Bergbahnen

Bergbahnen sind als Aufstiegshilfen meist von Juni bis September in Betrieb, manche auch an schönen Wochenenden im Mai und Oktober. Aus aktuellem Anlass können sich kurzfristig Betriebsänderungen ergeben.

Links: Ein windstiller, sonniger Herbsttag am Hintersteinersee (Tour 42). Links Zettenkaiser, Scheffauer; hinten Tuxeck, Treffauer, Kleinkaiserl, Sonneck (von rechts).

12 Tipps für Bergwanderer

- Sich auf einen Bergurlaub gezielt vorbereiten und mit Rücksicht auf die Umwelt in Gruppen oder mit öffentlichen Verkehrsmitteln anreisen.
- Im Quartier das geplante Tourenziel angeben. Im Tourismusbüro vor Ort sich über Öffnung der Hütten und Zustand der Wege erkundigen.
- Platzsparend und rücksichtsvoll parken, ggf. um Erlaubnis bitten.
- Sonnseitige Touren frühzeitig beginnen und genügend Flüssigkeit mitnehmen (keinen Alkohol!).
- Sich nicht überfordern. Bei gleichmäßigem Tempo nicht an der Leistungsgrenze gehen. Kurze Rast nach 2 Std. einlegen. Wanderstöcke sind am Berg eine wertvolle Hilfe.
- Markierte Wege nicht verlassen. Abstand zu Weidevieh halten. Gatter schließen, an Zäunen den Durchschlupf oder die »Hühnerleiter« benutzen. Keine Steine ablassen.
- Auf Alpenblumen und Tiere Rücksicht nehmen und sie unbehelligt lassen. Hunde an die Leine!
- Allen Abfall wieder ins Tal mitnehmen.
- Wettervorhersagen und aktuelle Wetterentwicklung beachten, ggf. rechtzeitig umkehren. ORF 2, SAT 3 und Bayerisches Fernsehen zeigen am Morgen Panoramabilder mit Wetterprognose aus dem Wandergebiet. Im ORF-TEXT erhält man ganztags aktuelle Wetterwerte mit Wettervorhersage: Tafel 606 für Salzburg, 607 für Tirol, 611 Sechs-Tage-Prognose, 612 Bergwetter.
- Bergrettung in Österreich Tel. 140, Notruf vom Handy aus: 112 (u.U. auch ohne SIM-/Wertkarte).
- Alpine Auskunft: ÖAV Tel. +43 512 587828, DAV Tel. +49 89 294940.
- Telefonvorwahl von Deutschland nach Österreich 0043, von Österreich nach Deutschland 0049, jeweils gefolgt von der Ortsvorwahl ohne die Null.

Talorte von A bis Z

Die Orte um das Kaisergebirge verfügen heute über beachtliche Freizeitanlagen wie Frei- und Hallenbäder, Saunen, Solarien, Tennisplätze, Squashhallen, Minigolf-, Schieß- und Reitanlagen, Kegelbahnen, Discos, Kinderspielplätze, Büchereien, Heimatmuseen, Radverleihe, Bergbahnen (Skilifte), Langlaufloipen, Eislauf-, Stock- und Rodelbahnen und mancherorts sogar Golfplätze. Sie werden in der nachfolgenden Zusammenstellung nicht einzeln aufgeführt.

A-6341 Ebbs, 475 m

Erholungsort am Inn, nordwestlich des Kaisergebirges, Ortsteil Eichelwang, Anbindung an die Inntalautobahn und die Schnellzugstation Kufstein, Buslinie. Europas größtes Haflingergestüt, Raritätenzoo, eine der schönsten Barockkirchen Tirols (»Dom zu Ebbs«), gotische St.-Nikolaus-Kirche, gutes Freizeitangebot, TV Tel. +43 5373 42326.

A-6352 Ellmau, 804 m

Großartig gelegener und bedeutender Fremdenverkehrsort auf der Südseite des Kaisergebirges, Anbindung an die Inntalautobahn über Kufstein-Süd, an die Schnellzugstationen Kufstein und St. Johann i. T., Buslinie Kufstein – St. Johann i. T. Sehenswerte Barockkirche, hervorragende Freizeitanlagen, TV Tel. +43 5358 505410, www.wilderkaiser.info.

A-6383, Erpfendorf, 630 m

Erholungsort im Osten Tirols, Golf- und Reitsport, Anbindung an die Inntalautobahn über St. Johann i. T. und Kufstein, Anschluss an die Westbahn bei St. Johann i. T., TV Tel. +43 5352 633350, www.kitzalps.cc.

A-6353 Going, 773 m

Prächtig gelegenes Dorf südlich des Wilden Kaiser, Anbindung an die Inntalautobahn über Kufstein-Süd, an die Schnellzugstationen Kufstein und St. Johann i. T., Buslinie Kufstein – St. Johann i. T. Schnit-

Leuchtend gelbes Johanniskraut am Rand des Rehbachgrabens (Tour 40).

Das reizvolle Dorf Going und die vielzackige Gipfelkette des Ostkaiser.

zer- und Bauernmalerei-Werkstätten, schöne Barockkirche, Badesee vor einer Prachtkulisse, vielfältiges Freizeitangebot, TV Tel. +43 5358 505510, www.wilderkaiser.info.

D-83088 Kiefersfelden, 492 m

Bayerischer Luftkurort an der Grenze zu Österreich, Anbindung an die Inntalautobahn und die Bahnlinie München – Innsbruck, Busverbindungen, Innfähre nach Kufstein-Sparchen für Radler und Wanderer (Mai bis Okt., tgl. 10 bis 17 Uhr). Ritterspiele, Natur- und Badeseen, gutes Freizeitangebot, TV (im deutschen Festnetz!) Tel. +49 8033 19433.

A-6382 Kirchdorf in Tirol, 641 m

Erholungsort östlich des Kaisergebirges mit den Ortsteilen Gasteig und Griesenau, Anbindung an die Inntalautobahn über Kufstein-Süd, an die Schnellzugstation St. Johann i. T., Buslinie. Ausstellungen im »Metzgerhaus«, gutes Freizeitangebot, TV Tel. +43 5352 633350, www.kitzalps.cc.

A-6345 Kössen, 589 m

Erholungsort im Kaiserwinkl, Grenzort zu Bayern, Ortsteil Kranzach am Walchsee, Anbindung an die Inntalautobahn über Niederndorf, einige Buslinien, umfassendes Freizeitangebot, TV Tel. +43 5375 6287.

A-6330 Kufstein am Inn, 499 m

Bezirkshauptstadt im Westen des Kaisergebirges, bedeutendster Ort im Wandergebiet, Anbindung an die Inntalautobahn und die Bahnlinie München – Innsbruck (Schnellzugstation), Buslinien. Großartige, um 1205 erstmals urkundlich erwähnte Festungsanlage im Herzen der Stadt, Heimatmuseum, Heldenorgel, Planetarium, Innfähre, ausgezeichnetes Freizeitangebot, TV Tel. +43 5372 62207, www.kufstein.at.

A-6336 Langkampfen, 504 m

Erholungsort westlich von Kufstein mit dem Ortsteil Niederbreitenbach, 518 m; Wallfahrtsort Mariastein, 575 m, Anbindung an die Inntalautobahn, Buslinie, TV Tel. +43 5332 87393.

A-6342 Niederndorf, 500 m

Erholungs- und Grenzort am Inn mit Anbindung an die Inntalautobahn, Buslinie. Freizeitangebot, TV Tel. +43 5373 61377.

D-83080 Oberaudorf, 483 m

Bayerischer Luftkurort am Inn, Anbindung an die Inntalautobahn und die Bahnlinie Rosenheim – Kufstein, Buslinie. Camping am Lugsteinsee, sehr gutes Freizeitangebot, Kloster Reisach, TV (im deutschen Festnetz!) Tel +49 8033 30120.

A-6351 Scheffau, 752 m

Schmuckes Dorf auf der Kaiser-Südseite, Anbindung an die Inntalautobahn und die Schnellzugstation Kufstein, Buslinie. Schöne Barockkirche, Hintersteinersee, Campingplatz, Kneippanlage, gutes Freizeitangebot, TV Tel. +43 5358 505310,www.wilderkaiser.info.

A-6345 Schwendt, 702 m

Dorf im Kaiserwinkl, Anbindung an die Inntalautobahn (Ausfahrt Niederndorf) und die Bahnstation Kufstein, Buslinie. TV Tel. +43 5375 6816.

A-6306 Söll, 698 m

Bekannter Fremdenverkehrsort an der Südwestecke des Kaisergebirges, Anbindung an die Inntalautobahn über Wörgl oder Kufstein-Süd und die Schnellzugstation Kufstein, Buslinie. Prachtvolle Barockkirche, Moorsee, Camping, vielfältiges Freizeitangebot, TV Tel. +43 5358 505210, www.wilderkaiser.info.

A-6380 St. Johann in Tirol, 659 m

Fremdenverkehrszentrum an der Südostecke des Kaisergebirges, Schnellzugstation, Anbindung an die Inntalautobahn über Wörgl oder Kufstein-Süd,

Das sonnseitige Scheffau, dahinter von links: Scheffauer, Hackenköpfe, Wiesberg, Kopfkraxen, Sonneck, Treffauer/Tuxeck.

Buslinien, Flughafen. »Barockes St. Johann« (Pfarrkirche u.a.), Sommerrodelbahn, Radsportzentrum und sehr vielfältige Freizeitanlagen, TV Tel. +43 5352 633350, www.kitzalps.cc.

A-6335 Vorderthiersee, 678 m

Erholungsort am Thiersee westlich von Kufstein, Anbindung an die Inntalautobahn und die Schnellzugstation Kufstein, Buslinie. Passionsspiele im sechsjährigen Turnus, TV Tel. +43 5376 5230.

A-6384 Waidring, 778 m

Fremdenverkehrsort östlich des Kaisergebirges, Anbindung an die Inntalautobahn über Niederndorf, Kössen und Erpfendorf. Prächtige Rokokokirche, vielfältige Freizeitanlagen, TV Tel. +43 5354 5630430, www.pillerseetal.at.

A-6344 Walchsee, 658 m

Erholungsort am gleichnamigen See im Norden des Kaisergebirges, Ortsteil Durchholzen, Anbindung an die Inntalautobahn über Niederndorf und an die Schnellzugstation Kufstein, Buslinie. Camping, vielfältiges Freizeitangebot, TV Tel. +43 5374 52230.

Winterwandern

Rund um den Wilden Kaiser findet man auch eine ganze Reihe von bescheidenen, aber durchaus lohnenden Zielen zum Winterwandern – nicht Schneeschuhgehen. Häufig werden die enstprechenden Wege als Naturrodelbahnen genutzt und sind aus diesem Grund nicht gestreut. Auf die Rutsch-, Sturz- und damit verbundene Verletzungsgefahr wird hingewiesen. In fast allen Fällen liegt eine auch im Winter (meist ab Weihnachten) häufig geöffnete Einkehrmöglichkeit am Weg. Die Zahlen in Klammern verweisen auf die zu den Vorschlägen gehörigen Touren.

Oberndorf/Ebbs

Ghf. und Kirche St. Nikolaus am Buchberg, ½ Std.; Aschingeralm am Buchberg, Ghf. Kölnberg, 2 Std.; Ledererwirt am Buchberg, 1¼ Std.

Walchsee

Schöne Aussicht – Wandberghütte, 2 Std. (1); Ottenalm über Riederalm, Rodelbahn, 1½ Std. (3); Moarwirt in Schwaigs, ¾ Std. (2); Seerundgang, 1½ Std. (3); Lippenalm, Rodelbahn, ¾ Std. ab Lippenalm-Parkplatz, 1½ Std. ab Walchsee (6, Variante 1); Berggasthof Zahmer Kaiser, 1 Std. von Durchholzen; Aschingeralm am Buchberg (Almkäserei, Di. Ruhetag), 2½ Std.

Kössen

Edernalm, 1 Std. vom Parkplatz Staffen (7, Variante 2); Taubenseehütte (Mitte Jan. bis Ende März nur Fr., Sa., So. offen), 1½ Std. auf meist präpariertem Weg Nr. 21 ab Schafflerhof (8).

Waidring

Vom Rodlerparkplatz in 40 Min. zum Berggasthaus Weißbach (13).

Gasteig

Jausenstation Bacheralm, Rodelbahn, ¾ Std.

Griesenau

Fischbachalm und Grieseneralm, beide im Winter häufig geöffnet (16).

St. Johann i. T.

Ghf. Hochfeld, Rodelbahn, 1 Std. (24); Hinterkaiser, Rummlerhof, 1 Std. (23).

Ellmau/Going

Graspoint-Niederalm, 40 Min. (28); Prama – Regalmstraße, Rodelbahn, ½ Std. (30); Brenneralm (Astberg), 1¼ Std. (26); Haflingertränke Grubhof, ½ Std.

Scheffau
Neualm oder Brandstadl, Bergrestaurant, 2 Std.; Scheffau – Ghs. Steinacker, Rodelbahn, ½ Std. (37); Hintersteinersee – Walleralm über Ghf Maier, im Winter oft gespurt, 2 Std. (42).

Söll
Ghf. Hochsöll, Rodelbahn, 1½ Std. (55).

Kufstein
Berghaus Aschenbrenner, Rodelbahn, bzw. Weinbergerhaus, gj. bew., 2 Std. (43); Hinterduxerhof, Rodelbahn, 1 Std. (43); Kaisertal (46); Ritzaualm, Vorderkaiserfeldenhütte, häufig gespurt (47).

Vorderthiersee
Von Schneeberg auf geräumter und nachts beleuchteter Rodelbahn in 1½ Std. zur Kalaalm (51).

Kiefersfelden/Oberaudorf
Brünnsteinhaus, häufig gespurt (49).

Winterzauber am Brentenjoch, rechts hinten das Weinbergerhaus.

Über das Kaisergebirge

Das Kaisergebirge, gegliedert in die beiden parallelen Züge Zahmer und Wilder Kaiser, erstreckt sich über rund 20 km von Kufstein im Westen nach St. Johann im Osten. Es ist flächenmäßig zu den kleinen Gebirgsgruppen der Ostalpen zu zählen, nimmt aber dem Beliebtheitsgrad nach sicher eine Spitzenstellung ein. Wer diese großartige Gebirgskette von Süden gesehen hat, wird bestätigen, dass sie ihren Namen zu Recht trägt. Der Name Kaiser lässt sich über 700 Jahre zurückverfolgen. Ob er damals für das Gebirge verwendet wurde oder für eine Örtlichkeit, sei dahingestellt. Bereits im Jahre 1794, also wenige Jahre nach der Geburtsstunde des Alpinismus (Erstbesteigung des Montblanc 1786), wurde mit dem Scheffauer erstmals ein Kaisergipfel von einem Touristen erstiegen. 1881 wurde einer der berühmtesten Kletterberge, das Totenkirchl, bezwungen. In den letzten zwei Jahrhunderten schrieben im Wesentlichen die Bergsteiger und besonders die Kletterer die Erschließungsgeschichte des Kaisergebirges, in das sich bis dahin meist nur Jäger, Holzknechte und Bauern gewagt hatten.
Die Kette des Wilden Kaiser teilt man nach den drei Dörfern auf seiner Südseite in den Scheffauer, den Ellmauer und den Goinger Kaiser ein. Die Namen der drei Orte finden sich auch in den Bezeichnungen mancher Gipfel und Scharten wieder. Mit der Tischoferhöhle im Eingangsbereich des Kaisertals stellt sich ein recht geschichtsträchtiger Ort vor. Hier haben sich nicht nur im Jahre 1809 die Tiroler Schützen gesammelt, hier ist auch der Fundplatz von Höhlenbären-Knochen und Gegenständen aus Stein- und Bronzezeit. Namen wie Bärnstatt, Hinterbärenbad u.a. erinnern heute noch an diese längst vergangene Zeit. Nach einer Volksbefragung im Jahre 1961 wurde das Kaisergebirge mit einer Fläche von über 10.000 ha zum Naturschutzgebiet erklärt, das dem Erhalt von Pflanzen und Tieren, der Pflege des Landschaftsbildes und der Wahrung der Stille dienen soll. Dies lässt den Naturfreund hoffen, dass der Bau von Straßen und Bergbahnen im Schutzgebiet auch künftig unterbleibt, damit das Kaisergebirge, dieses großartige, von der Natur in Jahrmillionen geformte Denkmal aus Stein uns und nachfolgenden Generationen in seiner ganzen Schönheit erhalten bleibt. Um den im Kaisertal lebenden oder arbeitenden Menschen eine ganzjährig befahrbare Verbindung zum Inntal zu gewährleisten, wurde 2008 ein 830 m langer Tunnel eröffnet, der nur für den Anliegerverkehr frei ist. Bis dahin war das Kaisertal nur zu Fuß erreichbar; für den Besucher des Tals gilt diese Regelung auch weiterhin. Gängigste Route ist der Aufstieg von Eichelwang über die Sparchenstiege mit ihren knapp 300 Stufen.
Bauten die Menschen in den reizvollen und gastlichen Dörfern von Söll bis Waidring und von Ellmau bis Ebbs ihre Kirchen im Stil des Barock, so modellierte die Natur den hellgrauen Kaiserfels in der Vertikalen, wenn man so will, bevorzugt im gotischen Stil. Zum Bild dieser Landschaft gehört seit Jahrhun-

derten der Tiroler Bauernhof. Er hat sich nicht nur um Dorfkerne herum angesiedelt, er liegt auch in Weilern oder als Einzelgehöft über die Anhöhen und Talgründe verstreut und hat die Region entscheidend geprägt. Ganz aus Holz gezimmert oder mit gemauertem, weiß getünchtem Erdgeschoss, kleinen Fenstern mit bunten Läden, einem zweistöckigen, hölzernen Überbau, weit ausladendem, von einem Glockenstuhl gekröntem Dach sowie zwei oft kunstvoll gearbeiteten und mit reichem Blumenschmuck versehenen Balkonen auf der Stirnseite betont er im Kontrast zum Gebirge die Horizontale, strahlt Wärme und Geborgenheit aus. Es ist zu wünschen, dass in diesen Stätten menschlicher Behausung auch in Zukunft bäuerliches Leben und Schaffen pulsiert und dass sie nicht zu musealen Schaustücken und zweckentfremdeten Gebäuden verkommen.
Wer ein Loblied auf das Kaisergebirge singt, kommt nicht umhin, in besonderer Weise auf den bedeutenden Kaiserkenner Fritz Schmitt und sein derzeit bedauerlicherweise nur noch antiquarisch erhältliches Buch vom Wilden Kaiser zu verweisen, dem auch dieser Wanderführer in so mancher Hinsicht zu Dank verpflichtet ist.

Tiroler Bauernhöfe fügen sich harmonisch in die Landschaft ums Kaisergebirge, das seit 1961 Naturschutzgebiet ist und einen wahrlich kaiserlichen Anblick bietet.

1 Wandberg SO-Gipfel, 1430 m, und Karspitze, 1239 m

3.45 Std

Bescheidene Grasbuckel vor großartiger Kulisse

Wandberg und Karspitze sind unscheinbare Graskuppen nordwestlich des Walchsees, die fast das ganze Jahr über bestiegen werden: eine Schnuppertour mit reizvollen Aussichtspunkten und feinen Gipfelerlebnissen.

Talorte: Niederndorf, 500 m; Walchsee, 658 m. Bus von Kufstein.
Ausgangspunkt: Drei gebührenpflichtige Parkplätze in Feistenau, 970 m. Zufahrt: Autobahnausfahrt Oberaudorf, über Niederndorf in Richtung Walchsee, bei Kilometermarke 18,2 in Richtung »Rettenschöss, Schöne Aussicht« und 5 km zu den Parkplätzen.
Höhenunterschied: 570 m, wellig.
Anforderungen: Leichte, gut beschilderte Almstraßen und Wanderwege.
Einkehr: Ghs. Schöne Aussicht (Do. Ruhetag), Wandberghütte (fast gj. bew., im Winter Mi. Ruhetag), Almkäserei Burgeralm (in der Hauptsaison); Harlanderalm (bei Variante).
Variante: Harlanderalm, 1150 m. Etwa 60 m nach der Wegteilung auf der Rettenbacheralm rechts abzweigen und in ¼ Std. zur Alm hinab.

Von den Parkplätzen in **Feistenau (1)** auf der Straße zum Gasthaus **Schöne Aussicht (2)** hinauf, hinter dem links der »Wanderweg« (Abstiegsroute) abzweigt. Auf der kürzeren Mautstraße weiter über Wiesen, dann durch den Wald zur **Rettenbacheralm (3)** und rechts noch gut 400 m zu einer Verzweigung. Auf dem rechten Sträßchen durch einen Waldgürtel zu einer weiteren Wegteilung. Am oberen der zwei nach links abdrehenden Pfade über Bergweiden und durch Waldstreifen zur **Wandbergalm (4)**. Vor dieser links auf den **Wandberg (5)**. Vom Gipfelkreuz rechts über einen Grasrücken zu einer

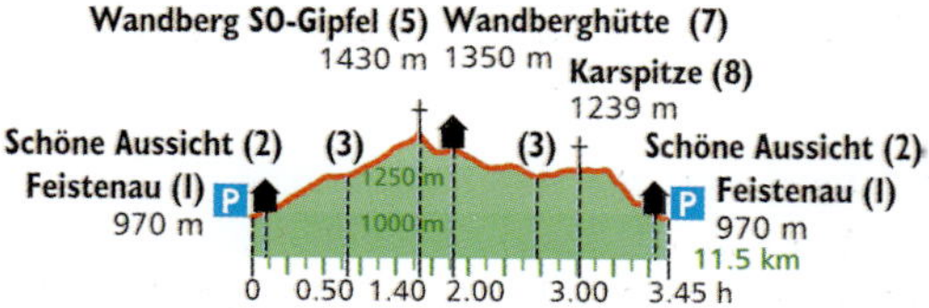

Kapelle und zur Käserei **Burgeralm (6)** hinab. Vor dieser auf einem Fahrweg links zu einem Sattel mit Wegteilung: Rechts in fünf Minuten zur **Wandberghütte (7)** – links um den Wandberg herum zur **Rettenbacheralm (3)** zurück. Von dieser am kürzesten über die Aufstiegsroute oder – lohnender und nur 20 Minuten länger – über die Karspitze nach Feistenau. Dazu in Rettenbach rechts ab und über eine flache Graskuppe hinweg zu einer Forststraße. Auf dieser links bis zu ihrem Scheitel, dann rechts zur **Karspitze (8)**. Südwärts steil zu einem Steg hinab und zur **Karalm** hinauf. Dahinter auf ebenem Traktorweg nur bis zur Linkskurve, davor rechts ab und über eine Feuchtzone hinweg (3 Stege) zu einer Waldenge. Links (!) vom Traktorweg – Holzpfostenmarkierung! – leicht steigend zum **Staudingerkreuz (9)**. Über einen Grashang hinab und rechts von der Staudingeralm zum »Wanderweg«. Über Weidegelände talwärts, bis die Route vor einem Zaun nach links knickt. Nach welliger Querung in weiten Schleifen zur **Schönen Aussicht (2)** hinab und auf der Straße zu den **Parkplätzen (1)**.

Am Wandberg. Im Hintergrund links die Glocknergruppe, rechts der Wilde Kaiser.

2 Brennkopf, 1353 m

4.45 Std

Sonnige Graskuppe über dem Walchsee

Der Brennkopf zählt zu den bescheidenen Bergzielen, lädt durch seine reine Südlage aber schon früh und noch spät im Jahr zu einer Tour ein.

Ausgangspunkt: Walchsee, 658 m, am gleichnamigen See im Kaiserwinkl. Parkplatz hinter der Kirche. Bus von Kufstein.
Höhenunterschied: 700 m.
Anforderungen: Almsteige, Wege, Sträßchen. Anstieg steiler als Abstieg.
Einkehr: Moarwirt, Hitscheralm (bew. Mitte Mai bis Mitte Okt.).
Varianten: 1. Von Winkl über den Wasserfall zur Reischeralm (Weg Nr. 55, 1¾ Std.).
2. Abstieg: In Kitzbichel rechts und auf der Straße ins Tal hinab zu einer Gabelung hinter den ersten Häusern. Von hier führt das linke Sträßchen (Weg Nr. 41) über den Moarwirt und an der Nordseite der Schwemm entlang zurück nach Walchsee (vgl. Hauptroute). Das rechte Sträßchen (Weg Nr. 35) – an der folgenden Verzweigung geradeaus – umrundet das Biotop auf seiner Südseite.

Von der Ortsmitte (Hotel Schick) von **Walchsee (1)** auf der Hausbergstraße nordwärts nach **Winkl (2)**, kurz hinter der Brücke links und an Häusern entlang zu einem Gatter. Gleich dahinter rechts und im Wechsel von Wald und Bergweiden – bei einer Wegteilung im Wald links! – zu einer Forststraße. Auf dieser ca. 100 m nach links, dann wieder rechts abzweigen (Hütte) und über Weiden und Wald zu einer Alm hinauf, wo man auf eine Straße trifft. Auf dieser rechts auf einen Sattel zur **Reischeralm (3)**. Nun kurz links zu einer Gabelung und dort entweder auf dem rechten Sträßchen zur **Brenneralm (4)** und

Der Brennkopf (Bildmitte), dahinter von links die Brandenberger Alpen und die Bayerischen Voralpen vom Lochnerhorn gesehen.

anschließend über einen freien Rücken auf den **Brennkopf (5)** oder – länger und bequemer – auf der linken, unteren Straße zur Knollalm und vor dieser rechts über den freien Westrücken (Weg Nr. 54) zum Gipfel.
Vom Brennkopf wandern wir westwärts zur gut sichtbaren Knollalm und dahinter auf einer Straße zur **Hitscheralm (6)** hinab, vor der wir links nach Walchsee abzweigen. In großen Windungen geht es zuerst über einen Weidehang, dann in einer weiten Doppelschleife durch den Wald nach **Kitzbichel (7)** hinab. Vor dem Gehöft drehen wir links ab und steigen durch den Wald und über eine längliche Lichtung ins Tal ab (Gsank). Von dort sind es 200 m nach rechts zum **Moarwirt (8)** beziehungsweise ca. 2 km nach links, am Nordrand der Schwemm entlang, ins Zentrum von **Walchsee (1)**.

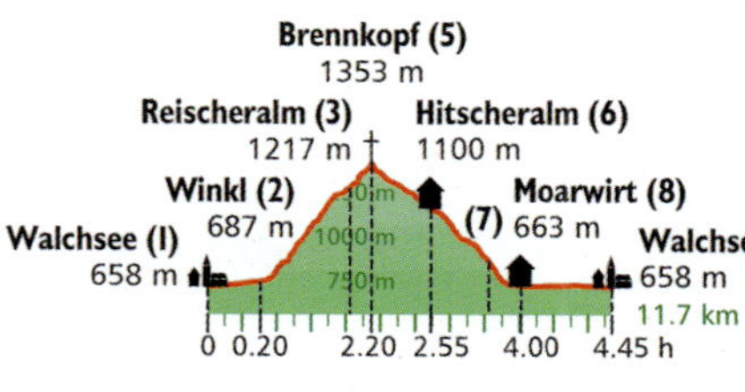

3 Walchsee und Harauer Spitze, 1117 m

4.30 Std

Ein bewaldeter Höhenzug und eine liebliche Seenlandschaft

Wer sich nur in der Ebene bewegen will, wird sich mit einem Spaziergang ur den Walchsee (6,5 km auf Promenadewegen, »blau«) begnügen. Soll mit de Wanderung aber auch ein kleines Bergprogramm verbunden sein, lässt sic der Seeweg mit einer Überschreitung des Kranzinger Berges (stellenweis »rot«) verbinden, der als Waldrücken die Nordseite des Walchsees abschirm Die beiden recht unterschiedlichen Elemente des Tourenvorschlags lasse sich auch getrennt durchführen. Vergleicht man die Karte unten mit dem Bil auf der rechten Seite, so ist der Routenverlauf dort weitgehend zu erkenner

Ausgangspunkt: Walchsee, 658 m. Bus von Kufstein. Parkplatz gegenüber dem Hotel »Bellevue am See«.
Höhenunterschied: 550 m.
Anforderungen: Breite Wanderwege und Sträßchen um den See. Markierte Waldwege und Forststraßen am Kranzinger Berg. Über die Harauer Spitze kurze Stellen »rot«.
Einkehr: Haraualm (Di., Mi. Ruhetag), Gasthäuser am See. Bei Variante 2: Ottenalm und Riederalm, beide fast gj. bew.
Varianten: 1. Auf der Forststraße oberhalb des Kalvarienberges in ¾ Std. rechts zum Hotel Panorama (Weg Nr. 40); von dort weiter auf der Hauptroute.
2. Vom Harausattel auf Weg Nr. 48 in ¼ Std nordwärts zur bew. Ottenalm hinab und von dort in 1 Std. nach Walchsee zurück.

Walchsee mit Kranzinger Berg und Harauer Spitze (in Bildmitte rechts) vom Heuberg. Hinten links der Geigelstein, rechts die Hochplatte und die Rudersburg.

Schräg links gegenüber dem Hotel Bellevue am See in **Walchsee (1)** steigen wir auf Weg Nr. 34 auf die Anhöhe des **Kalvarienberges (2)** (drei Kreuze und die Station »Luft« des »Vier-Elemente-Weges«) und anschließend in Richtung »Hausberg 49« über einen Wiesenhang und durch den Wald (Rastbänke) zu einer Forststraße hinauf. Diese führt rechts zum Hotel Panorama (Variante 1). Unsere Route 49 hält sich links, trifft nach gut 5 Minuten auf eine Verzweigung und müht sich von dort geradeaus über eine Waldmulde auf den profillosen **Hausberg**. Nun folgen wir einem langen, mäßig steigenden Waldrücken nordostwärts zum **Kranzinger Berg (3)**. Dahinter geht es wellig in drei Scharten hinab, ehe sich die **Harauer Spitze (4)** steil aufrichtet und uns etwas Mühe abverlangt. Von ihrem Gipfel senkt sich ein reizvoller, mit Holzstufen ausgebauter Grat zum **Harausattel** hinab. Hier zweigt links der

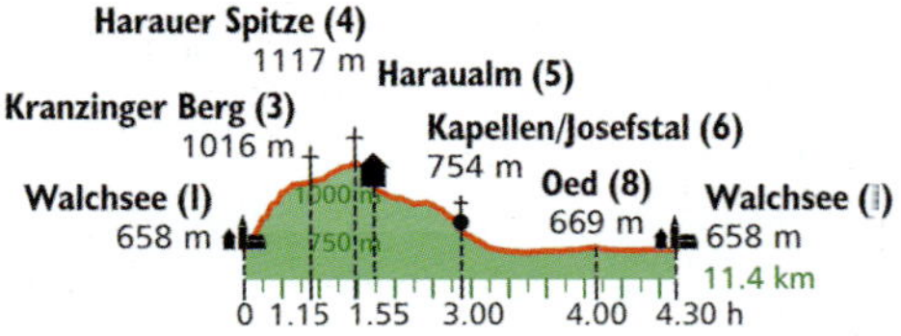

Vier-Elemente-Weg am Kalvarienberg in Walchsee. Im Bild das Element Erde.

Weg zur Ottenalm (in der Karte: Oftenalm; Variante 2) ab, wir aber wenden uns rechts (Weg Nr. 48) der gut sichtbaren **Haraualm (5)** zu und folgen dahinter etwa ½ Std. einem Forststräßchen, das auf halber Strecke vorübergehend etwas ansteigt. An der Abzweigung »Panorama 48, Kranzach, Walchsee« scheren wir rechts aus. Ein Waldsteig führt uns in das schluchtartige **Josefstal** hinab; dort queren wir ein Bächlein und wandern dann auf der rechten Talseite über zwei **Kapellen (6)** zum Hotel Panorama hinaus. Links von diesem geht es zu einer Asphaltstraße und zur **B 172** hinab. Nun können wir auf dem kürzesten Weg (ca. 2 km) rechts über Kranzach nach Walchsee zurückkehren oder die Bundesstraße überqueren und auf dem »**Seerundgang 38**« über **Ghf. Essbaum (7)** das Ost-, Süd- und Westufer des **Walchsees** den Ausgangspunkt erreichen. Dabei wandern wir auf breiten Wegen an Gehöften, einem Terrassencamping und einem Naturschwimmbad vorbei, an Buchten und Schilfzonen entlang und über das Dörfchen **Oed (8)** zum Tennisplatz. Vor diesem rechts über den Seespitz und Ramsbach zu einer Pestsäule und nach **Walchsee (1)**.

4.30 Std.

Heuberg, 1603 m

4

Schattige Wege auf einen sonnigen Gipfel

Der Heuberg im Zahmen Kaiser ist weniger bekannt als sein Namensvetter am Inn, der zu den Chiemgauer Alpen zählt. Dafür ist er aber auch viel weniger überlaufen als so mancher klangvolle Kaisergipfel und stellt sich dem Wanderer trotzdem als großartiger Aussichtspunkt vor. An heißen Tagen kann man auf der hier vorgeschlagenen Route bei zeitigem Aufbruch bis zum Jöchl im Schatten ansteigen.

Talort: Walchsee, 658 m, Ortsteil Durchholzen, 690 m. Bus von Kufstein.
Ausgangspunkt: 2 Parkplätze am Ortsrand von Durchholzen, 725 m. Beim Ghs. Alpenhof in Durchholzen 0,6 bzw. 0,8 km dem Ww. »Pyramidenspitze« folgen.
Höhenunterschied: 900 m.
Anforderungen: Gut markierte Steige, Wanderwege und Almsträßchen. Im Gipfelbereich ist etwas Trittsicherheit erforderlich.
Einkehr: Hageralm im Sommer bew.
Tipp: Sommerrodelbahn in Durchholzen.
Variante: Vom Jöchl westwärts zum Beginn eines Traktorweges hinab, auf diesem rechts zur gut sichtbaren, neuen Jöchlalm, von dieser auf breiter Forststraße um den Heuberg herum zur Hauptroute bei der Wolfingeralm (»blau«, etwa 10 Min. länger).

Am Heuberg: Links der Feldberg, dahinter der Wilde Kaiser, rechts der Zahme Kaiser mit Winkelkar und Pyramidenspitze (rechts). In Bildmitte unten das Jöchl.

Vom **Parkplatz (1)** auf einem Asphaltsträßchen zur **Jager-Ried-Hütte**, dann auf einem Traktorweg zur **Großpoitneralm (2)** und dahinter auf einem Steig über Weidegelände zu einem Geländeknick mit **Wegkreuzung (3)** am Eingang ins Winkelkar. Der linke Pfad Nr. 90 führt uns durch Mischwald an steilen Hängen entlang zu der von einer Lawine zerstörten **Jöchlalm (4)** und dahinter durch einen Waldstreifen sowie über steile Grashänge aufs **Jöchl (5)**. Von diesem mühen wir uns über einen aufsteilenden Grashang und zuletzt über einige Felsen auf den **Heuberg (6)**. Auf gleicher Route kehren wir zum Jöchl zurück und steigen auf Weg Nr. 89 ostwärts zur sichtbaren **Hageralm (7)** ab. Anschließend wandern wir auf einem Sträßchen in weiten Schleifen über die **Wolfingeralm (8)** zur **Gwirchtalm** und von dieser links in den Erzbachgraben hinab. An dessen Ausgang (Straßengabelung) mündet von links (kleiner Graben) auch der kürzere, markierte Almweg ein, der etwa 10 Min. unterhalb der Wolfin-

geralm bei einer Rastbank von der Straße links abzweigt und durch Gehölz sowie über weite Almwiesen talwärts führt. Wir folgen dem Sträßchen – stets in Richtung »Durchholzen« – links vom Hauptgraben durch den Wald und hinter einer flachen Wiesenmulde im leichten Gegenanstieg nach **Hochberg (9)**. Von dort wandern wir auf einem Asphaltsträßchen zu einer Brücke hinab und dahinter links oder rechts zum nahen **Parkplatz (1)**.

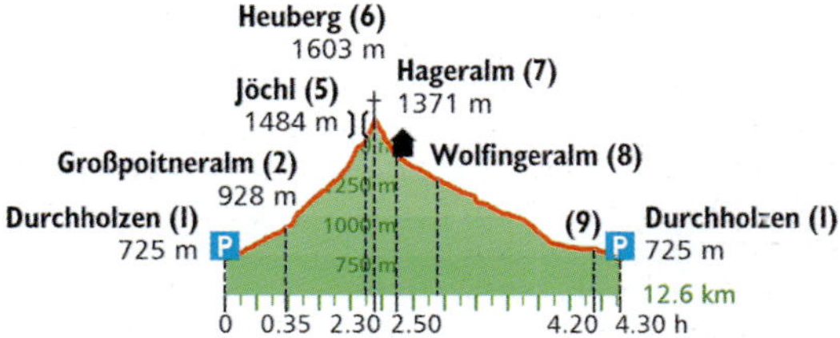

5 Pyramidenspitze, 1997 m

6.00 St

Luftiger und mühsamer Steig auf das Dach des Zahmen Kaiser

Die Pyramidenspitze ist nach der angrenzenden Vorderen Kesselschneid zwar nur die zweithöchste, dafür aber die bekannteste Erhebung im Zahmen Kaiser. Die Route durch den eindrucksvollen Fels- und Geröllkessel des Winkelkars wird mit steigender Höhe immer anspruchsvoller. Nur für Geübte!

Talort/Ausgangspunkt: Durchholzen, Gemeinde Walchsee, 690 m. Bus von Kufstein. Beim Ghs. Alpenhof dem Weg »Pyramidenspitze« folgen und am Bach entlang 0,8 km zum Parkplatz, 725 m.
Höhenunterschied: 1280 m.
Anforderungen: Forststraße, Traktorweg und gut gangbarer Almsteig zur Winkelalm (»blau«). Schotteriger Pfad durchs Winkelkar und mühsamer Schutthang (»rot«) zum Einstieg in einen steinschlaggefährdeten Klettersteig (Helm!). Teilweise gesicherte Fels- und Schrofenflanke zur Jovenscharte, dann gesicherter Felsgrat mit Steigbügelpassage zum Gipfel (»schwarz«). Stabile Schönwetterlage, Bergerfahrung, Trittsicherheit und Schwindelfreiheit erforderlich. Früher Aufbruch im Hochsommer ratsam!
Einkehr: Keine.
Varianten: 1. Vordere Kesselschneid (2002 m): Von der Pyramidenspitze auf einem Steig südwärts in eine Scharte hinab (ca. 1940 m), dort links ab und auf Steigspuren über einen gut gangbaren Grashang zum Gipfel (knapp 20 Min., »blau«). 2. Leichterer, aber längerer Zugang zur Pyramidenspitze: Wie bei Tour 47 von Eichelwang über die Vorderkaiserfeldenhütte (Nächtigung) bis kurz vor das Peterskköpfl. Nun geradeaus über das latschenbedeckte Hochplateau, einige Kuppen und durch den Vogelbadkamin ostwärts zur Pyramidenspitze (ca. 2½ Std. Anstieg von der Vorderkaiserfeldenhütte, »rot«).

Vom **Parkplatz (1)** wandern wir auf einem Sträßchen zur **Jager-Ried-Hütte**, dann auf einem Traktorweg zur **Großpoitneralm** und dahinter auf einem Steig über Weidegelände auf einen Absatz mit Wegkreuzung. Geradeaus

(Weg Nr. 91) geht es zur nahen **Winkelalm (2)** weiter und dahinter in eine feuchte Senke hinab. Anschließend steigen wir kurz in einer grasigen und licht bewaldeten Mulde des Winkelkares an, dann rechts davon über einen ausgeprägten, zuerst latschenbewachsenen, später freien Moränenrücken auf eine unscheinbare Kuppe. Hinter dieser zieht ein mühsamer Schutthang zum Einstieg des gut markierten **Klettersteiges (3)** hinauf, der eine 200 m hohe, steile Fels-, Schrofen- und Latschenflanke überwindet. Dabei wechseln seilgesicherte Felspassagen, instabiles Schrofengelände und Latschenzonen mehrfach ab. Auf gut halber Höhe queren wir zu einer steinschlaggefährdeten Rinne nach links und verlassen diese nach etwa 70 Hm erneut nach links zur **Jovenscharte (4)**. Danach folgt ein kurzer Latschenrücken, ehe wir über steinige Bänder der Südostflanke den felsigen Nordostgrat und zwei kurz aufeinander folgende Schärtchen erreichen. Zuletzt turnen wir mit Hilfe von Eisenbügeln über eine senkrechte Felsstufe und durch einen Kamin auf die **Pyramidenspitze (5)**. Auf dem häufig mit lockerem Material besetzten Steig ist achtsames Gehen oberstes Gebot! **Abstieg** nach **Durchholzen (1)** wie Anstieg. Routenverlauf siehe Bild auf Seite 33!

Steigbügelpassage unter dem Gipfel der Pyramidenspitze.

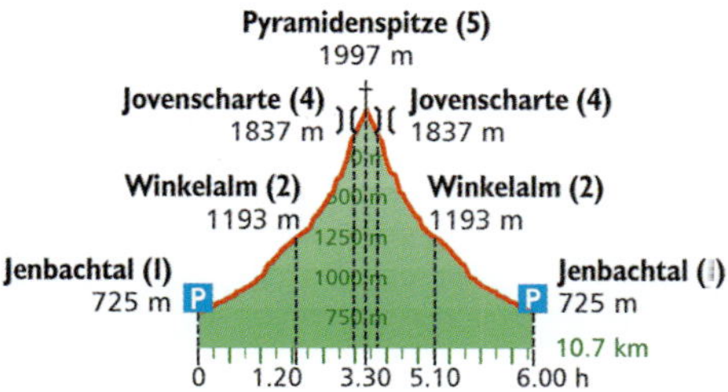

6 Ropanzen, 1572 m

5.45 Std.

Tal der Almen zwischen dem Zahmen und Wilden Kaiser

In dem zwischen Zahmem und Wildem Kaiser gelegenen Habersauertal reihen sich bis zum Hochalmsattel mehrere Almen. Man kann das reizvolle Gelände entweder auf einer langen Straße von Kranzach am Walchsee herauf erwandern oder etwas schwieriger auf einem Steig erreichen und beide Wege zu einer Rundtour kombinieren. Mit dem zwischen Feld- und Hochalmsattel gelegenen Ropanzen lässt sich sogar ein beschaulicher Gipfel ziemlich weglos, aber unschwierig besteigen. Wer kürzere Touren bevorzugt, sollte auf einer der kinderfreundlichen Varianten 1, 2 oder 4 zur Lippenalm wandern.

Talort: Walchsee, 658 m, Bus von Kufstein.
Ausgangspunkt: Amberg-Parkplatz oberhalb von Oed, 806 m. Zufahrt: Am Westufer des Walchsees (Tennisplätze) nach Oed, dort rechts ab und gleich wieder links. Am Lippenalm-Parkplatz vorbei (!) und noch ca. 500 m zum Parkplatz am Waldrand.
Höhenunterschied: 900 m.
Anforderungen: Almsträßchen und -steige, die stellenweise Steilhänge queren und in diesem Bereich Trittsicherheit erfordern. Nur für ausdauernde und trittsichere Kinder geeignet.
Einkehr: Hochalm (nur zeitweise Almprodukte erhältlich), Lippenalm (Varianten 1, 2, 4), Schwarzenbachalm (Varianten 2, 4), Raineralm (Varianten 3, 4).
Varianten: 1. Vom Lippenalm-Parkplatz (740 m) auf der linken Straße in ¾ Std. zur Lippenalm (im Winter Rodelbahn).
2. Über den Ebersberg zur Lippenalm Vom Lippenalm-Parkplatz rechts (!) vom Bachgraben auf deutlichem, aber nicht markiertem Waldsteig zu einer Forststraße (Hauptroute) hinauf und auf dieser zur Gwirchtalm, hinter der sich der Fahrweg teilt. Am linken Straßenast auf den Sattel (1034 m, 1 Std. vom Parkplatz) und links zu zwei Hütten. Dahinter weglos über Almweiden auf den höchsten Geländepunkt (Ebersberg, 1165 m, gut 1½ Std. vom Parkplatz). Ostwärts zur Schwarzenbachalm hinab, davor links zur Lippenalm und auf der Straße zum Parkplatz zurück (2¾ Std. für die ganze Runde).
3. Von Kranzach (Parkplatz hinterm Ghs. Eßbaum) übers Habersauertal zur Hochalm und zum Ropanzen (etwa ½ Std. länger als die Hauptroute, aber leichter).
4. Eßbaum – Raineralm – Schwarzenbachalm – Lippenalm – Oed – Südufer – Eßbaum (3¼ Std.). Alle Varianten »blau«.

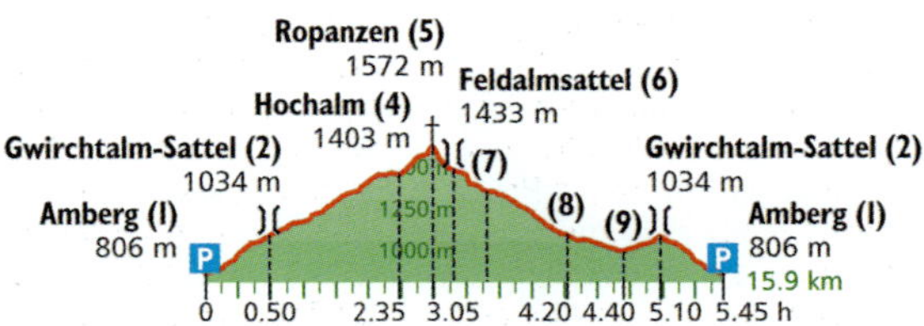

Auf der Lippenalm (li.) über dem Walchsee. Hinten: Berge um Spitzstein und Wandberg.

Vom **Parkplatz (1)** auf der Forststraße weiter, bis diese den Erzbach quert. Nun weiterhin auf dem Fahrweg oder auf dem alten Almweg zuerst rechts vom Bachgraben, dann links davon über Bergweiden zur **Gwirchtalm** hinauf. Auf dem Sträßchen zur Verzweigung hinter der dritten Almhütte, dort links auf den nahen **Sattel (2)**. Gleich hinterm Zaun rechts abzweigen (Ww. »Stripsenjoch, Hochalm, Kleinmoseralm, Nr. 88«), am nächsten Gebäude südseitig vorbei und der Markierung ziemlich weglos über eine Wiese zu einem Zaun folgen. Auf einem Steiglein an diesem entlang in den Wald zu einem Traktorweg, der links zu einer Wildfütterung führt. Unmittelbar davor rechts zum Wald hinauf und dem leicht welligen Steig an der ausladenden, stellenweise recht steilen Waldflanke des Roßkaiser entlang zu den Bergweiden der Kleinmoseralm. Unsere Route nimmt dort von links einen Steig aus dem Habersauertal auf, überquert dann ein Bächlein und erreicht anschließend die **Kleinmoseralm (3)**. Links davon geht es um ein Geländeeck herum, dann durch eine Einbuchtung auf eine Geländerippe, die auf den weiten

Am Weg zur Kleinmoseralm. Im Hintergrund der Stripsenkopf, dahinter von links Fleischbank, Hintere Karlspitze, Totenkirchl; rechts davon Ellmauer Halt.

Sattel und zu den schon eine Weile sichtbaren Hütten der **Hochalm (4)** hinabführt. Rechts davon windet sich der Steig über Bergweiden auf die Ostschulter des Ropanzen. Ehe sich der Pfad in Latschengassen zum Feldalmsattel hinabsenkt, kann man dem von lichtem Krummholz besetzten, mäßig steigenden Grasrücken nach rechts zum **Ropanzen (5)** folgen. Vom bescheidenen Gipfel geht's zur Abzweigung zurück, dann südwärts (rechts) zum **Feldalmsattel (6)** und von diesem links in einer weiten Grasmulde zu den Hütten der **Feldalm (7)** hinab. Von diesen auf einem Almsträßchen nach rechts und in mehreren Doppelschleifen zum **Weißenbach (8)** hinab. Diesen queren und an seinem linken Ufer bis zu einer Straßengabelung bei der **Habersaueralm (9)**. Das rechte Sträßchen führt durchs Habersauertal zum Walchsee (Eßbaum) und nach Kranzach hinaus (Variante 3). Am linken wandern wir in einer Viertelstunde auf den **Sattel (2)** und jenseits desselben über die **Gwirchtalm** zum **Ausgangspunkt (1)** zurück. Dorthin können wir entweder auf dem Fahrweg oder am kürzeren, alten Almweg – vor dem Viehrost hinter der dritten Almhütte links ab! – zurückkehren.

Walchsee
Walch S.
Kranzach
Ried
Durchen
Miesberg
Amberg
Ebersberg
Heuberg
Jöchl
Roßkaiser
Habersauer Tal
Kohlalmtal
Feldberg
Wilder Kaiser
Kleinmoser A.
Hoch A.
Ropanzen
Feldalm Stl.
Stripsen K.
Tristecken
Schnapfelgraben A.
Kohlahner K.
Bergghf. Kohlalm
Scheiben Kg.
Zasserl Kögerl
Kogel
Jausenstat. Lippen A.
Jausenstat. Schwarzenbach A.
Jausenstat. Rainer A.
Gacherl A.
Wolfinger A.
Habersauer A.
Kl. Moosenhtt.
Grosspointner A.
Hager A.
Jöchl A.
Feld A.
Hint. Ranggen A.
Vord. Ranggen A.
Scheibenbühel Bg.
Rodelweg
Hochbergweg
Mozart Radweg
0 500 m 1 km

7

Wetterfahne, 1284 m, und Rudersburg, 1430 m

5.00 Std

Steile Bergweiden und ein felsiger Hochsitz über dem Kössener Becken

Rudersburg und Wetterfahne schirmen das Kössener Becken nach Nordwesten ab und sind eher in die Kategorie »unauffällig und bescheiden« einzuordnen. Dank der sonnseitigen Lage der Anstiegswege und der reizvollen Rundsicht empfehlen sich diese Gipfel aber vom Frühjahr (reiche Flora!) bis in den Spätherbst hinein. Die Tour ist durchgehend mit Nr. 23 markiert.

Talort: Kössen, 589 m. Busse von Traunstein, Reit i. W., St. Johann i. T., Kufstein.
Ausgangspunkt: Wanderparkplatz Staffen, 606 m. Zufahrt: Von Kössen kurz in Richtung Schleching, bei Kilometermarke 19,0 links nach Staffen (1 km).
Höhenunterschied: Ca. 950 m, nur Rudersburg ca. 850 m.
Anforderungen: Markierte Almstraßen und Steige. Besonders zur Rudersburg sind festes Schuhwerk, Trittsicherheit und trockene Verhältnisse ratsam.
Einkehr: Naringalm (bew. Ende Juli bis Ende Okt.), Edernalm (Variante, gj. bew.)
Varianten: 1. Rudersburg ohne Wetterfahne gut 4½ Std. hin und zurück.
2. Vom Parkplatz Staffen über den Staffnerhof in 1 Std. zur Edernalm (»blau«).

Gipfelrast auf der Rudersburg, rechts hinten der Wilde Kaiser.

Beim **Parkplatz (1)** zweigt nordwärts die Naringbergstraße ab. Ihr folgt man knapp ½ Std., bis deutlich oberhalb einer Linkskehre rechts ein breiter Waldweg (»Wetterfahne«) zur **Hinhagalm (2)** abzweigt. An dieser gabelt sich unsere Route: Geradeaus geht's auf kürzestem Weg über die Naringalm zur Rudersburg (Variante 1), rechts über steile Bergweiden hinauf zur Wetterfahne. Auf dem Weg dorthin überquert man wenig oberhalb der Alm ein Sträßchen zuerst schräg links hinauf und zieht dann in einer weiten Schleife nach rechts auf eine Schulter. Von dieser folgt man dem harmlosen Grasrücken auf Steigspuren westwärts zur **Wetterfahne (3)** (Antenne). In gleicher Richtung – gut auf die Markierung achten! – wandert man am licht bewaldeten Kamm zuerst wellig, dann steigend auf eine felsdurchsetzte Grasschulter, von der man westwärts knapp 100 Hm bis zum zweiten Absatz absteigt. Dann geht's rechts in einen Graben hinab (Überstieg) und dahinter quer über eine Feuchtzone (glatte Trittbretter!) zu einer Weggabelung. Von dieser steigt man rechts über zwei Geländestufen durch einen Wald- und Latschengürtel mit zunehmender Steilheit auf die Felskanzel der **Rudersburg (4)**. Nach der Gipfelrast geht's zur Weggabelung zurück und links – am Rand einer Senke – zu einer Forststraße. Diese führt rechts zur unbewirtschafteten Karalm und links über die **Naringalm (5)** sowie durch den Wald in sehr weiten Schleifen ins Tal. An der großen Rechtskehre unterhalb der Alm kann man links abzweigen und kürzer über die **Hinhagalm (2)** (Aufstiegsroute) absteigen.

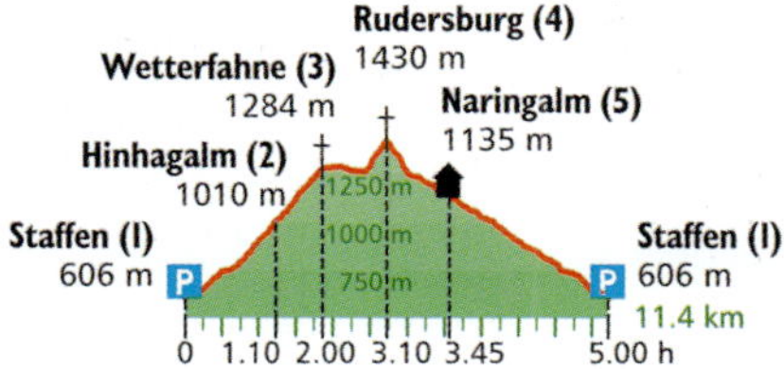

8 Sonnwendköpfl, 1279 m, und Taubensee

3.30 Std.

Sonnige Almen und ein Bergsee zwischen Bayern und Tirol

Dank des gut gangbaren Geländes sind das ganze Jahr über Wanderer von Kössen bzw. Mühlberg zur Taubenseehütte und zum Taubensee unterwegs. Die meisten von ihnen wählen die Route 21 für Auf- und Abstieg, kehren in der fast ganzjährig bewirtschafteten Hütte ein und unternehmen allenfalls noch einen zehnminütigen Abstecher zum versteckten Taubensee an der Grenze zwischen Bayern und Tirol. Diese viel begangene Route wird hier als Abstieg vorgeschlagen, für den Aufstieg aber die etwas längere Schleife 21a über mehrere Almen und einen bescheidenen Gipfel empfohlen.

Talort: Kössen, 589 m. Busse von Traunstein, Reit i. W., St. Johann i. T., Kufstein.
Ausgangspunkt: Mühlberg, 840 m, gebührenpflichtiger Privatparkplatz. Zufahrt: In Kössen vom Kreisverkehr zur Kirche, 100 m dahinter links in den Mühlbergweg, dann 4,3 km zum Schafflerhof.
Höhenunterschied: 500 m.
Anforderungen: Breite sonnseitige, teilweise auch schattige Forst- und Almwege mit kleinen Gegenanstiegen.
Einkehr: Taubenseehütte (fast gj. bew., Mo. ab 11 Uhr Ruhetag), Stoibenmöseralm (nur im Sommer), Jst. Mühlberg (Di./Mi Ruhetag), Rinderbrachalm, Frankenalm.
Varianten: 1. Von der Dichtleralm links über einen Grashang, dann schräg rechts durch den Wald und zuletzt über eine kurze, gut gangbare Felsstufe auf das Weideplateau der Frankenmöser- und Sauermöseralm.
2. Von der Staatsgrenze links über Weidegelände, dann durch den Wald und zuletzt über eine Holztreppe zur Stoibenmöseralm. Beide Varianten markiert, je ½ Std., »rot«.

Von der Dichtleralm zur Sauermöseralm unterwegs (Variante 1). Hinten der Kaiserwinkl mit dem Kössener Kessel, darüber links der Wilde Kaiser, rechts der Zahme Kaiser.

Etwa 50 m hinterm Parkplatz beim **Schafflerhof (1)** teilen sich die Routen zur Taubenseehütte: links Nr. 21, rechts Nr. 21a. Über die rechte, etwas längere wollen wir auf-, über die linke absteigen. Die Route 21a führt durch den Wald zur **Rinderbrachalm (2)**; man hält sich dabei an zwei kurz aufeinanderfolgenden Gabelungen im Wald jeweils rechts. Von der Alm wandern wir entweder auf der Zufahrtsstraße oder auf einem Steig links über einen Weidehang auf eine freie Anhöhe und anschließend über die **Frankenalm (3)** in einen Graben hinab. Etwa 50 m dahinter zweigen wir rechts ab und folgen einer dürftigen, markierten Spur über Bergweiden zur **Dichtleralm (4)** (Abzweigung der Variante 1). Von dieser geht's auf einer ebenen Straße bis zur Rechtskehre in einem Graben, der uns links zur Staatsgrenze führt (Zaun, Abzweigung von Variante 2). Dahinter verläuft ein Traktorweg ziemlich eben

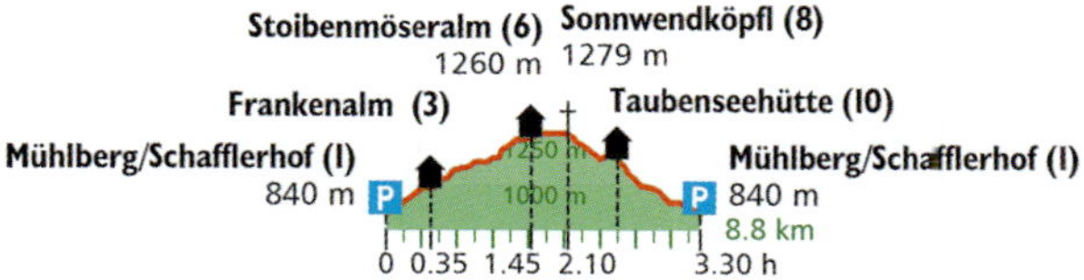

In einem stillen, kühlen Waldkessel versteckt, ruht der Taubensee.

durch den Wald zu einer Wegteilung nahe der versteckten **Stoibenalm (5)**. Etwa 15 m nach rechts versetzt führt zuerst ein Pfad, dann ein Traktorweg in Kehren durch den Wald auf die Kammhöhe und überquert das folgende Weideplateau westwärts zur **Stoibenmöseralm (6)**. Hinter dieser steigt das Gelände nur noch leicht an und dehnt sich westwärts zur **Frankenmöseralm** (links) und **Sauermöseralm (7)** (rechts) hin. Vor der Letztgenannten gehen wir geradeaus (westwärts) in einer länglichen, nahezu ebenen Grasmulde weiter und erreichen kurz dahinter den reizvollen Aussichtsplatz am unscheinbaren **Sonnwendköpfl (8)**. Rechts davon wandern wir durch den Wald zum **Taubensee (9)** hinab und in leicht steigendem Linksbogen um einen Grasbuckel herum zur **Taubenseehütte (10)**. Von dort führt ein Sträßchen zur **Hirzing-** und rechts weiter über die **Ast-zu-Moosen-Hütte (11)** zurück nach **Mühlberg (1)** (Schafflerhof).

3.15 Std.

Unterberghorn, 1773 m

9

Beliebter Aussichtsberg im Tiroler Unterland mit Blick auf 200 Gipfel

Das Unterberghorn bei Kössen erfreut sich fast das ganze Jahr über regen Zuspruchs. Im Winter tummeln sich Skifahrer an seinen Nordhängen und in der warmen Jahreszeit nutzen es Gleitschirmfreunde als Startrampe. In großer Zahl sind auch die Wanderer unterwegs, denen eine Gondelbahn den größten Teil der Anstiegsmühen zum »wohl schönsten Ausblick im Tiroler Unterland auf 200 Gipfel« – so der Werbeprospekt – abnimmt. Mit großem Interesse verfolgen sie an der Bergstation und oberhalb der Unterberghornhütte aus nächster Nähe Vorbereitungen und Start von Paraglidern und Drachenfliegern.

In Latschengassen ist ein mächtiger Felsturm zu umgehen (Variante 2).

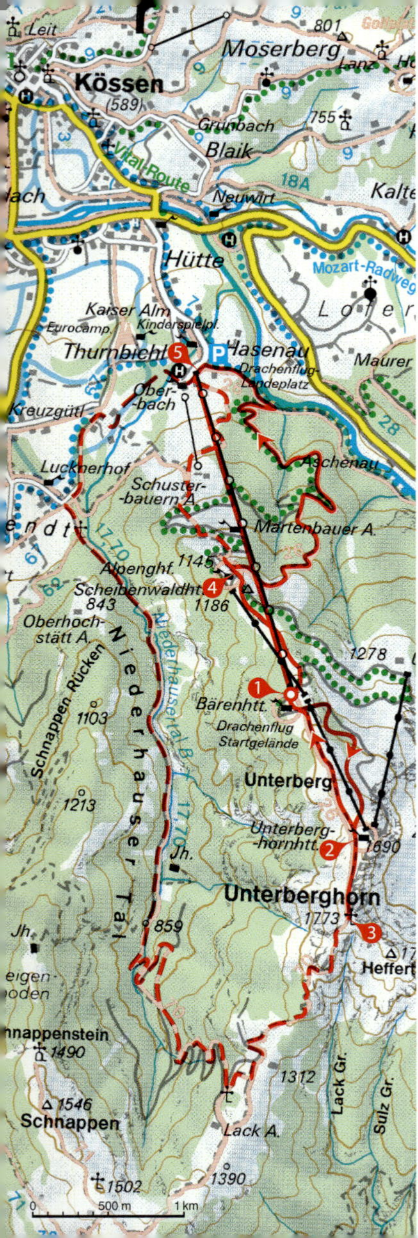

Talort: Kössen, 589 m. Busse von Traunstein, Reit i. W., St. Johann i. T., Kufstein.
Ausgangspunkt: Bärenhütte, 1480 m Bergstation der Unterberghornbahn von Kössen, Betrieb Mai bis Mitte Okt. bei günstiger Witterung tgl. 9.30 – 16.30 Uhr, keine Mittagspause, Tel. +43 5375 622.
Höhenunterschied: Knapp 300 m Anstieg, ca. 1170 m Abstieg.
Anforderungen: Wanderwege, Forststraßen.
Einkehr: Bärenhütte, Unterberghornhütte, Scheibenwald, Sportklause. Alle bei Bahnbetrieb. Lucknerhof (Variante 2).
Varianten: 1. Anstieg von der Talstation über eine Forststraße (Abstiegsweg der Hauptroute, 8 km, »blau«) oder auf dem alten Wanderweg im Bereich der Skiabfahrt über das Ghs. Scheibenwald zur Bergstation (2½ bis 3 Std.).
2. Durchs Niederhausertal aufs Unterberghorn: Vom Lucknerhof auf einer Forststraße ins Niederhausertal und in Kehren (5 Abkürzungen, »alter Lackweg 70«) zur Lackalm (bis hierher »blau«, 2 Std.). Vor dieser links über Bergweiden, dann durch den Wald und in Latschengassen zum Sockel eines mächtigen Felsturmes. Diesen in Latschengassen und auf luftigen Schrofenbändern wellig von der Süd- zur Ostseite umgehen. Anschließend mühsam in einer steilen, vielfach mit Stufen präparierten Schrofenrinne und in einer langen Latschengasse auf die Kammhöhe und über diese rechts aufs Unterberghorn (gut 1½ Std. von der Lackalm, nur für Geübte, »schwarz«).

Auf breitem Wanderweg geht's von der **Bergstation Bärenhütte (1)** am Drachenflugstartgelände vorbei bis zur **Unterberghornhütte (2)** (Gipfelhaus), dann auf einem Steig (Nr. 26) einem Rücken folgend zu einer weiteren, anspruchsvolleren Startrampe für Gleitschirmflieger, von der aus der Gipfel des **Unterberghorn (3)** schon zu sehen ist. Von ei-

Am Unterberghorn, im Hintergrund links der Wilde, rechts der Zahme Kaiser.

nem felsigen, aber unschwierigen Grat lässt man sich nun auf eine latschengesäumte Schulter (Einmündung von Variante 2) und links zum Gipfelkreuz leiten. Abstieg: Auf dem Anstiegsweg zurück zur **Unterberghornhütte (2)** und auf gleicher Route oder links davon direkt über die Skiabfahrt zur Bergstation und zur »kanadischen« **Bärenhütte (1)** hinab. Wer nicht mit der Gondel ins Tal schweben will, kann auf einem kurvenreichen, bequemen Weg über das **Gasthaus Scheibenwald (4)** zur **Talstation (5)** hinablaufen. Wer vom Lucknerhof durchs Niederhausertal angestiegen ist (Variante 2), kann von der Talstation oder von weiter oben auf markierter Route dorthin zurückkehren.

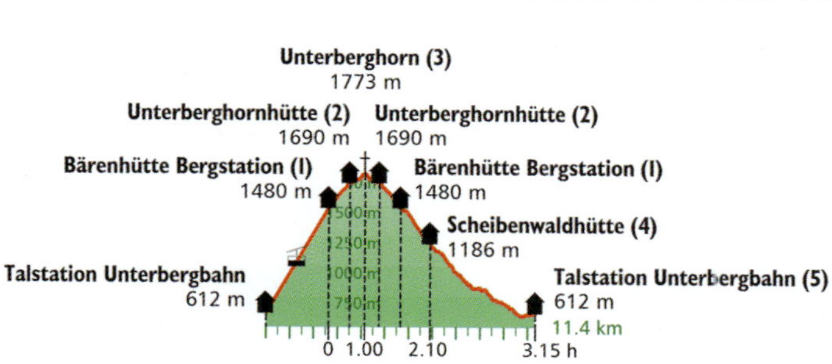

10 Scheibenkogel, 1611 m

5.30 Std.

Stiller Wald- und Wiesenberg im Kaiserwinkl

Der stark bewaldete, von Almwiesen durchzogene Scheibenkogel zählt zu den stillen Bergzielen dieses Führers. Er liegt in der Nordostecke des Kaisergebirges, dem sogenannten »Kaiserwinkl«.

Ausgangspunkt: Schwendt, 702 m, an der Buslinie Traunstein bzw. Reit i. W. – Kössen – St. Johann i. T. Begrenzte Parkmöglichkeit beim Verkehrsamt (Raiba).
Höhenunterschied: 1030 m.
Anforderungen: Almsträßchen und Wanderwege bis Boaralm, dann Wald- und Wiesensteig zu den Kogelalmen (»blau«), darüber 200 Hm mühsames Steilgelände zum Gipfel (»rot«), eine Stelle durch Holzleiter entschärft.
Einkehr: Keine!

Vom Verkehrsamt in **Schwendt (1)** dorfeinwärts zum Mairwirt, dort rechts dem Ww. »Scheibenkogel« folgen, über Wiesen ins **Kohlental (2)** hinab und jenseits des Kohlenbaches zu einem Asphaltsträßchen hinauf, das man etwa 400 m nach rechts bis zu einer versteckten Gabelung verfolgt. Hier biegt man links in eine Almstraße ein (Ww. »Scheibenkogel, Brandalm«) und gelangt auf dieser durch Wald und über Wiesen zur Straßengabelung bei der **Unterbichlalm (3)**. Dem linken Sträßchen (Ww. »Scheibenkogel«) folgt man über die **Boaralm (4)** (in der Karte: Boariedalm) hinaus.

Über die Boaralm zum Scheibenkogel. Hinten von links Rudersburg und Wetterfahne, Hochplatte und Achental, Rauhe Nadel und Kössen.

Kurz hinter der Alm verlässt man die Straße und zweigt zuerst links und dann nach ca. 50 m rechts ab. Über eine Almwiese gelangt man in einen Jungwald und hinter einem Durchschlupf rechts in einen Laubwald Dahinter ist zuerst eine Forststraße 30 m nach rechts versetzt zu queren, ehe der Weg wieder durch lichten Jungwald verläuft und nach zwei weiteren Straßenquerungen die beiden knapp 40 Hm auseinanderliegenden und z. T. verfallenen **Kogelalmen (5)** tangiert. Dahinter steilt das Gelände zunehmend auf. Über Wiesenstreifen und schütter bewaldete Steilhänge (Holzleiter) mühen wir uns etwa 200 Hm auf die Nordschulter und erreichen dann in Kürze den Gipfel des **Scheibenkogel (6)**, der sich als stiller, feiner Aussichtspunkt auf den Ostkaiser, den Zahmen Kaiser und sogar auf die Glocknergruppe entpuppt. **Abstieg** wie Aufstieg.

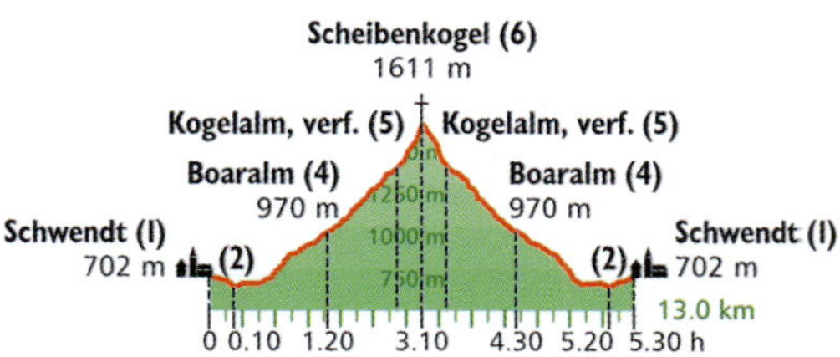

11 Fellhorn, 1765 m

5.30 Std.

Ein Alpinlehrpfad und ein aussichtsreicher Höhenweg

Dank der günstigen Ausgangslage des Parkplatzes Steinplatte beschränkt sich die Anstiegsleistung auf der abwechslungs- und aussichtsreichen Höhenwanderung zum Straubinger Haus und zum Fellhorn auf ein recht passables Maß. Die Wanderung kann in manchem Jahr sogar bis spät in den Herbst hinein unternommen werden, wenn die Hütten längst geschlossen sind und auf der betriebsamen Steinplatte die Ruhe eingekehrt ist.

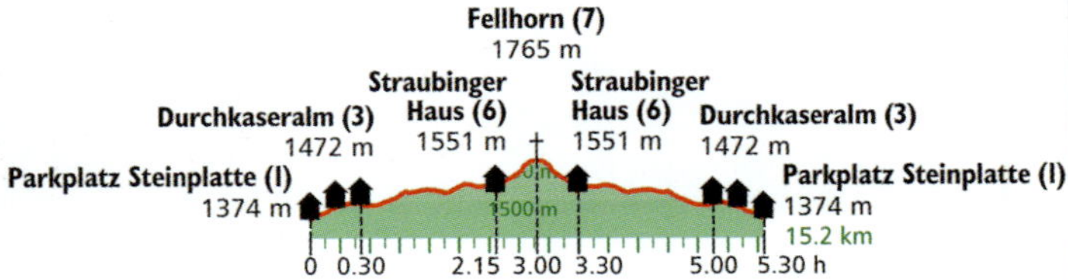

Talort: Waidring, 778 m, an der Buslinie St. Johann i. T. – Lofer.
Ausgangspunkt: Parkplatz Steinplatte, 1374 m, erreichbar von Waidring über die mautpflichtige »Höhenstraße Steinplatte«.
Höhenunterschied: 550 m im mehrfachen Auf und Ab.
Anforderungen: Almsträßchen und Wanderwege.
Einkehr: Ghf. Steinplatte, Brennhütte, Durchkaseralm (Ambachhütte), Straubinger Haus (bew. Ende Mai bis einschl. Okt., 20 B., 63 L., Tel. +43 5375 6429).
Tipp: Rokokokirche in Waidring.

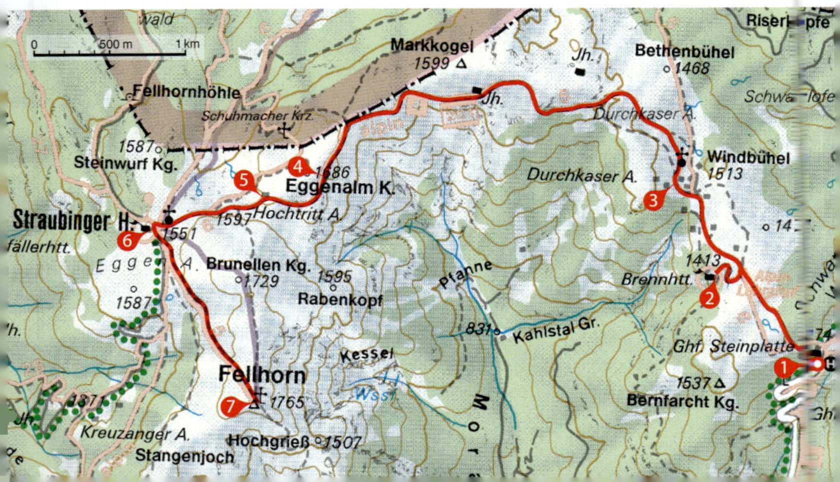

Straubinger Haus und Eggenalm. Hinten Scheibenwand, Kampenwand, Hochplatte.

Auf einem Sträßchen oder dem Alpinlehrpfad (Weg Nr. 6) wandern wir vom **Parkplatz Steinplatte (1)** und dem gleichnamigen Gasthof westwärts hinauf. Nach etwa 1 km bietet sich zur Linken ein Abstecher zur **Brennhütte (2)** an. Wir folgen weiterhin dem Sträßchen, das an den Hütten der **Durchkaseralm (3)** endet. Unser Weg führt nun links von der Kapelle weiter. Gut beschildert geht es wellig und windungsreich um kleine Latschenbuckel herum oder darüber hinweg, am **Taferlbaum** vorbei (»Straubinger Haus 1 Std.«, halbe Wegstrecke) und später in einen Sattel hinab, wo sich Sommer- und Winterweg teilen. Wir halten uns links und queren mit Hilfe von zwei Seilhandläufen am südseitigen, steilen Latschenhang des **Eggenalmkogel (4)** entlang, ehe sich das Gelände zum Sattel der **Hochtrittalm (5)** hinabsenkt. Dort nehmen wir ein Sträßchen auf und folgen ihm mühelos zum **Straubinger Haus (6)** auf der Eggenalm.
An der Wegteilung südlich der Unterkunft halten wir uns links (Weg Nr. 5) und wandern auf ausgetretenem Pfad zuerst auf der Westseite des **Brunellenkogel** entlang und dann durch einige Weidemulden auf die weite Kuppe des **Fellhorn (7)**. **Abstieg** wie Aufstieg.

4.15 Std.

Steinplatte, 1869 m

12

Wanderwege und alpine Steige auf Europas einziges Trockenriff

Die Steinplatte ist Europas einziges Trockenriff. Sie ist in der Trias aus einem Korallenmeer entstanden; die Korallen sind im Gipfelbereich als Versteinerungen in den Kalk eingeschlossen. Der Triassic-Park in Kammerköhr beschäftigt sich damit (Juni bis Okt.). Dank gut ausgebauter Wege und alpiner Steige bieten sich auf der Steinplatte vielfältige Wandermöglichkeiten.

Talort: Waidring, 778 m.
Ausgangspunkt: Parkplatz Steinplatte, 1374 m. Zufahrt wie Tour 11.
Höhenunterschied: Ca. 500 m.
Anforderungen: Leichte Wanderwege. Wiesloch- und Zettensteig nur für Geübte!
Einkehr: Ghf. Steinplatte, Ghf. Kammerköhr, Stallenalm.
Varianten: 1. Parkplatz – Stallenalm – Ghf. Kammerköhr – Steinplatte und zurück (2¾ Std., »blau«).
2. Mit der Gondelbahn von Waidring nach Kammerköhr (1650 m), von der Bergstation rechts zum gleichnamigen Ghf. und über den oberen Speichersee zur Steinplatte und zurück (1¼ Std., »blau«).
3. Von der Bergstation Kammerköhr links (süd- und westwärts) zur Grünwaldalm hinab, dann auf der Hauptroute über den Wieslochsteig zur Steinplatte und nach Kammerköhr zurück (ca. 3½ Std.).
4. Zettensteig (Trittsicherheit erforderlich, meist »rot«, Stellen »schwarz«, knapp ¾ Std. vom Einstieg). Von der beschilderten Verzweigung zwischen Stallen- und Grünwaldalm links durch den Bergwald und über Schottergelände mühsam zur Wegteilung am Sockel der Felswände hinauf (links: Klettersteig – rechts: Zettensteig, 1 Std. vom Parkplatz). Letzterer führt am Fuß der Felswände und am oberen Latschenrand entlang, erreicht nach einer kurzen Seilpassage und einer kleinen Metallleiter gestufte und gesicherte Felsrinnen, die auf ein Schartl leiten. Zuletzt über einen Grashang und durch Latschen auf den Ostgipfel der Steinplatte.

Linke Seite: Strubtal mit den Loferer Steinbergen vom Fellhorn.
Unten: Der Wieslochsteig führt durch eine schluchtartige Felsrinne auf die Steinplatte.

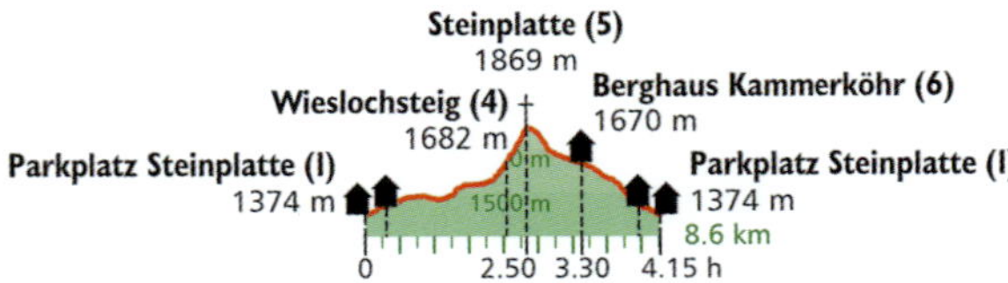

Vom **Parkplatz (1)** auf der Asphaltstraße zur **Stallenalm (2)** hinauf. Hi rechts abzweigen und auf breitem Wanderweg zu einer Verzweigung. Die li ke, obere Route führt zum Klettersteig und Zettensteig (Variante 4), die rech untere zur **Grünwaldalm (3)**. Von dieser geht's in meist nur mäßiger Steigun über Wald- und Wiesengelände zuerst süd-, dann ostwärts zu einer Wegve zweigung am Beginn eines Almplateaus (Boulderblock). Hier links abzweige und durch ein Felsenlabyrinth zum **Wieslochsteig (4)**, der zu einer Schart

Am Zettensteig zur Steinplatte unterwegs. Hinten der Wilde Kaiser.

Von der Steinplatte blickt man über die Loferer Alm auf die Berchtesgadener Berge (von links Reiteralpe, Hochkalter- und Hocheisstock, Großer Hundstod).

hinaufzieht. Die leichtere Route führt von dort nord- und westwärts durch eine Grube zu einer Wegverzweigung in einem Sattel und links zu den beiden Gipfelkreuzen auf der **Steinplatte (5)**. Etwas Bergerfahrung erfordert der kurz vor der Scharte nach links abzweigende Steig, der durch eine mit Drahtseil gesicherte Steilrinne und zuletzt über einige kleine Latschenköpfe den Gipfel erreicht.

Der Abstieg erfolgt über einen kurzen Steig, dann auf Wanderwegen über eine Skipiste und den oberen Speichersee nach **Kammerköhr (6)** und über die **Stallenalm (2)** zum **Parkplatz (1)**. Hauptroute und Varianten sind mit Nr. 8 markiert.

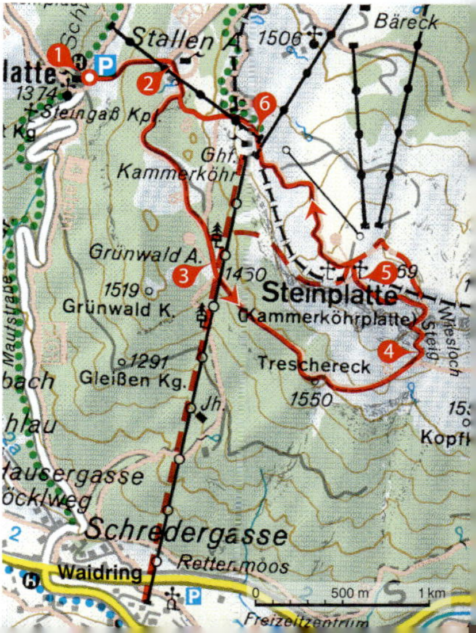

13 *Kirchberg, 1678 m, und Schafelberg, 1593 m*

5.00 Std

Höhepunkte zwischen Wildem Kaiser und Loferer Steinbergen

Kirchberg und Schafelberg, zwei unbedeutende, latschenbewachsene Kuppen am östlichen Rand unserers Wandergebiets, sind noch wenig überlaufen und überraschen besonders in der Gipfelregion und beim Abstieg über die Rechensaualm mit einem traumhaften Ausblick auf die Loferer Steinberge, die nur durch die Talfurche des Pillersee von beiden Gipfeln getrennt sind.

Talort: Waidring,778 m.
Ausgangspunkt: Oberweißbach, 932 m. Zufahrt: Von der Straßengabelung in Waidring 1,3 km in Richtung St. Ulrich, dann rechts ab und auf schmaler Bergstraße 1,5 km nach Oberweißbach (Gasthaus). Von dort kann man noch gut 400 m bis zur Rechensaukapelle, 982 m, fahren (beschränkte Parkmöglichkeit).
Höhenunterschied: 800 m, im Gipfelbereich wellig.
Anforderungen: Gut markierte Almsträßchen und Wanderwege. Im Gipfelbereich ist der Steig mehrfach »rot«.
Einkehr: Ghs. Oberweißbach, Hochbreitaualm (geöffnet Juni bis einschl. Sept.).
Tipp: Kirche und Friedhof in Waidring, St. Adolari und St. Ulrich am Pillersee.
Variante: Oberweißbach – Rechensaualm – Schafelberg und zurück (3½ – 4 Std).

Spätherbst am Kirchberg – hinten die Loferer Steinberge.

Von **Oberweißbach (1)** auf einem Sträßchen zur **Rechensaukapelle (2)** (kleiner Parkplatz) und rechts in den angrenzenden Wald (Routenteilung, Beginn des Rundweges). Hier zweigt links der kürzeste Weg zum Schafelberg ab (Variante und Abstiegsroute). Unsere Rundtour führt auf der zuerst ebenen Forststraße an einem Pavillon mit Brunnen und später an einer Rastbank vorbei, steigt dann – bei Gabelungen stets dem Ww. »Kirchberg« folgend – zur **Raineralm (3)** an und windet sich von dieser in vielen flachen Schleifen links über Almwiesen und durch einen Waldstreifen zu der erst ganz spät sichtbaren **Hochbreitaualm (4)** hinauf. Nun auf einem Steig links über Weidegelände und seitlich von einem Feldkreuz auf eine Grasschulter. Zuletzt dem etwas welligen Kamm in gut gangbaren Latschengassen auf den **Kirchberg (5)** folgen. Zum **Schafelberg (6)** geht es ostwärts (Ww. »Waidring, St. Adolari«) durch gestufte Latschenfelder in einen Sattel hinab und in kurzem Gegenanstieg auf die aussichtsreiche Kuppe. Zur **Rechensaualm (7)** drehen wir vor dem Kreuz links ab, steigen zuerst in Latschengassen und durch lichten Wald ab, ehe eine längere Linksquerung folgt und wir bald darauf die Alm erreichen. Auf einem Fahrweg bzw. auf dem markierten, kürzeren, alten Almweg wandern wir in Richtung »Rechensau« hinab, halten uns bei einer beschilderten Verzweigung (Ww. »**Rechensaukapelle**« **(2)**) links und erreichen den **Ausgangspunkt (1)**.

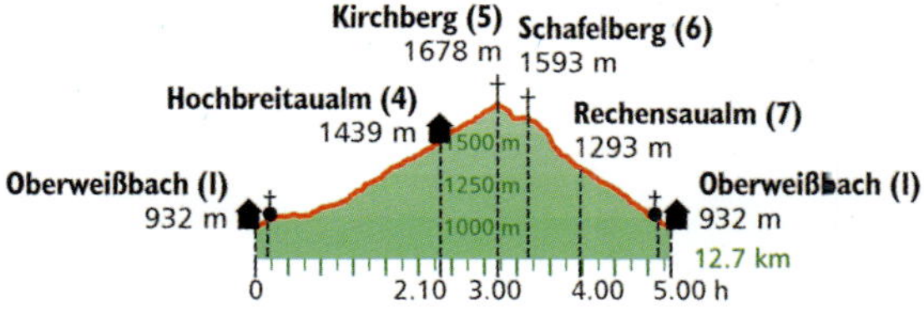

14 Grießbachklamm und Angerlalmkreuz, 1161 m

4.00 Std

Durch eine wilde Bergschlucht auf sonnige Almen

Die vom Wildwasser geschaffene Grießbachklamm kann auf künstlich ange-legten, gesicherten Pfaden durchwandert und in vier unterschiedlich lange Rundtouren eingebunden werden. Es sind dies die Kleine und Große Grieß-bachrunde (Varianten 1 und 2) sowie zwei Almrunden. Aus der düsteren Schlucht führt die Hauptroute durch schattigen Wald auf zwei sonnige Almen.

Talort: Erpfendorf, 630 m.
Ausgangspunkt: Gebührenpflichtiger Parkplatz Grießbachklamm, 672 m. Zufahrt: Von der Kreuzung in Erpfendorf 1 km in Richtung Lofer, dann rechts.
Höhenunterschied: Gut 500 m.
Anforderungen: In der Grießbachklamm gut begehbare Ufersteige, bergseits mit Seilhandlauf gesicherte Hangstege, etwas schwankende, aber bestens gesicherte Hängebrücken und Stege (»blau« bis »rot«). Gut begehbarer Jägersteig und Forststraßen über die Almen. Kleine und Große Grießbachrunde »blau«, Almrunde einen Tick anspruchsvoller.
Einkehr: Angerlalm, Huberalm (beide bew. Mai bis Okt.), Hotel Lärchenhof.
Varianten: 1. Kleine Grießbachrunde: Nach der zweiten Hängebrücke links über einen Waldhang zu einem breiten Wanderweg hinauf und links zum Klammeingang sowie zum Parkplatz zurück (gut ½ Std.).
2. Große Grießbachrunde: Von der beschilderten Abzweigung links über den Grießbach, dann über einen Waldhang zu einer Forststraße, auf dieser ca. 20 m nach links, dann durch den Wald zum Blaikenbach hinab und jenseits nach kurzem Gegenanstieg windungsreich am Hang entlang zur Kleinen Grießbachrunde und zum Parkplatz (1¼ Std.).
3. Almrunde (»blau« bis »rot«): Vor der Huberalm links über Bergweiden, auf schmalen Waldsteigen und Forststraßen zur Jägeralm. Darunter rechts nach Erpfendorf abzweigen und am Bichlbauerweg sowie auf Straßen rechts zum Parkplatz (1¼ Std. ab Huberalm).

Gleich hinterm **Grießbachklamm-Parkplatz (1)** auf einer Brücke über den Waldbach und kurz darauf zum Grießbach, dem wir zum **Klamm-eingang (2)** folgen. Der Pfad führt am Ufer in die Klamm, überquert das Gewässer zuerst auf zwei Hängebrücken und später auf Stegen. Er verläuft wiederholt auf Hangstegen an senkrechten Wänden entlang und passiert zwei Wasserfälle. Nach der zweiten Hängebrücke zweigt die **Kleine (3)** und ein gutes Stück hinter einem Abenteuerspielplatz die **Große Grießbachrunde**

Auf Hangstegen durch die Grießbachklamm.

(4) links ab. Die Hauptroute (Weg Nr. 18) folgt noch länger der Schlucht bis etwa 100 m hinter der zweiten Straßenteilung der **Jägersteig (5)** rechts abzweigt, der in Serpentinen und auch in längerer Querung einen Waldhang von knapp 200 Hm überwindet und in ein zur **Angerlalm (6)** führendes Sträßchen mündet. Links davon lockt uns auf einer Kuppe das **Angerlalmkreuz (7)**. Zur Huberalm gehen wir auf der Straße nordwärts um ein Geländeeck herum und zweigen unmittelbar vor einem Weiher rechts ab. Über einen Grasrücken hinweg und auf einem Traktorweg oder rechts davon über das Huberkreuz geht es zur **Huberalm (8)** hinab, vor der links die Variante 3 abzweigt. Bequemer können wir von der Alm auf der eintönigen, windungsreichen Straße zur **Hubertuskapelle (9)** und kurz dahinter auf einem Steig (Ww. »Lärchenhof«) rechts ins Tal hinabwandern. Dort geht es rechts zur Brücke beim **Klammeingang (2)** und dahinter auf bekannter Route zum **Parkplatz (1)** hinaus.

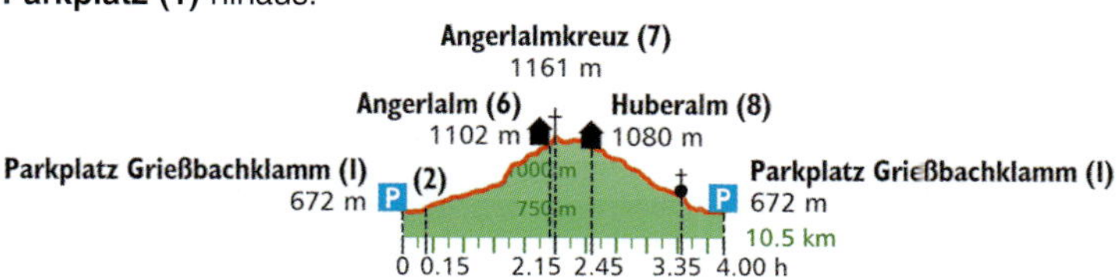

15 Kohlalm, 1283 m, und Feldberg, 1813 m

6.30 Std

Kammwanderung vor kaiserlicher Kulisse

Im Grunde beinhaltet der Tourenvorschlag drei Ziele: die Kohlalm, den Kohllahnersattel und -kopf und den Feldberg, vor dem sich eine imposante Kaiserkulisse präsentiert. Man kann auf der Tour also je nach persönlicher Verfassung und den augenblicklichen Verhältnissen entscheiden, wohin der Weg führen soll, und sollte dabei die »Anforderungen« gut beachten.

Talorte: Griesenau, 727 m; Schwendt, 702 m. Busse von Kufstein und St. Johann i. T.
Ausgangspunkt: Parkbuchten an der Kohlalmstraße, ca. 690 m, nahe Kilometermarke 9,6 auf der Strecke Schwendt – Griesenau.
Höhenunterschied: Kohlalm ca. 550 m, Kohllahnerkopf 850 m, Feldberg 1160 m.
Anforderungen: Bis zur Kohlalm »blau«, zum Feldberg und zur Scheibenbichlalm stellenweise »rot«. Von der Scheibenbichlalm zur Kohlalm z. T. recht steiles, bei Nässe und im Herbst durch Blätter und Feuchtigkeit gefährliches Waldgelände (u. U. »schwarz«). Abstieg vom Feldberg mit Kindern und weniger Geübten nur auf der Aufstiegsroute!
Einkehr: Kohlalm (Ende Juni – Mitte Sept.)
Variante: An der Wegteilung im Sattel westlich des Feldberges rechts über den Tristecken (1710 m) auf den Stripsenkopf (1807 m), »rot«, 20 Min. länger als zum Feldberg (vgl. Tour 19).

Beim Aufstieg von den Parkbuchten an der **Kohlalmstraße (1)** können wir die Straßenschleifen bis zur **Kohlalm (2)** auf einem gut gangbaren, markierten Wanderweg abkürzen. Hinter der Alm folgen wir zunächst dem Sträßchen, bis es endgültig auf die andere Talseite schwenkt. Dort gehen wir auf dem Almboden des Hochtales und entlang des von wildem Schnittlauch gesäumten Kohlalmbächleins geradeaus weiter und steigen am Talende über eine steile Grasmulde auf den **Kohllahnersattel (3)**. Nach rechts bietet sich ein kurzer Abstecher zum Kohllahnerkopf an, links geht es zuerst durch Lat-

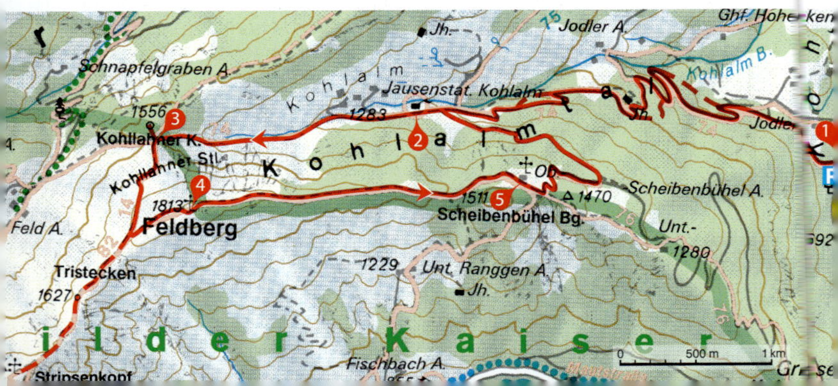

Rast beim Abstieg vom Feldberg. Hinten v. li.: Lärcheck und Mitterkaiser mit Griesenerkar.

schengassen, dann über Schafweiden auf einen weiteren Sattel mit Wegteilung. Hier zweigt rechts die Variante zum Stripsenkopf ab. Wir steigen links in Gratnähe zum **Feldberg (4)** hinauf. Von dort kehren wir am sichersten über die Aufstiegsroute zur Kohlalm zurück. Wer über die Scheibenbichlalm (in der Karte: Scheibenbühelalm) absteigen will, folgt dem langen, felsdurchsetzten Latschenkamm ostwärts über kurze, gesicherte Passagen und Schärtchen zu einem schönen, weiten Grassattel, auf dem rechts der Weg 21 ins Kaiserbachtal abzweigt. Hier halten wir uns an die linke Route Nr. 20 und wandern zuerst auf einem Traktorweg zur **Scheibenbichlalm (5)**, dann auf einem Sträßchen noch über einige Schleifen hinab, bis uns ein Schild links zur »**Kohlalm**« **(2)** weist, zu der uns ein Steig über z. T. recht steiles Waldgelände hinunterbringt. Von dort kehren wir über die Aufstiegsroute ins Tal zurück.

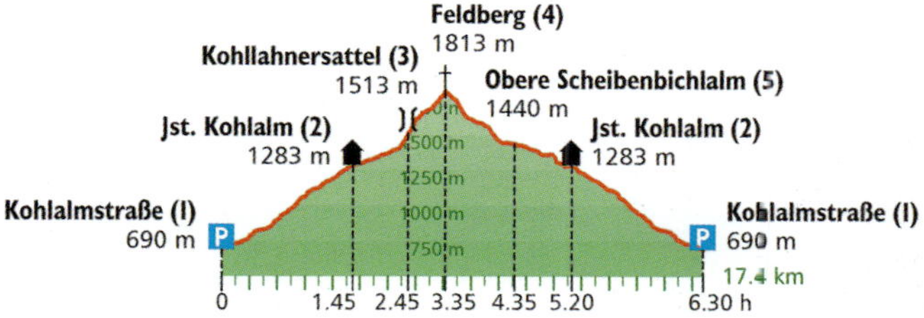

16 Kaiserbachtal und Ranggenalmen

4.15 Std

Tal- und Almwanderung mit Blick auf berühmte Kletterberge

Das Kaiserbachtal ist geografisch betrachtet das Gegenstück zum Kaisertal, das von Kufstein ins Kaisergebirge hinaufzieht (vgl. Touren 45, 46). Anders als jenes aber ist es bis zur Grieseneralm durch eine viel befahrene Mautstraße erschlossen. Parallel dazu verläuft – auf der anderen Seite des Kaiserbachs – ein beschaulicher Wanderweg im Angesicht berühmter Kletterberge (Predigtstuhl, Fleischbank, Totenkirchl). Wer eine Kleinigkeit draufsatteln und die Kaiserkulisse noch genauer betrachten will, dem sei der an der Grieseneralm abzweigende »Kleine Feldberg-Rundweg« wärmstens empfohlen. Mit der 1984 nahe der Fischbachalm errichteten »Gedenkstätte der Toten im Kaisergebirge« (über 500 Bergtote seit 1851) liegt eine Stätte der Besinnung am Wegrand.

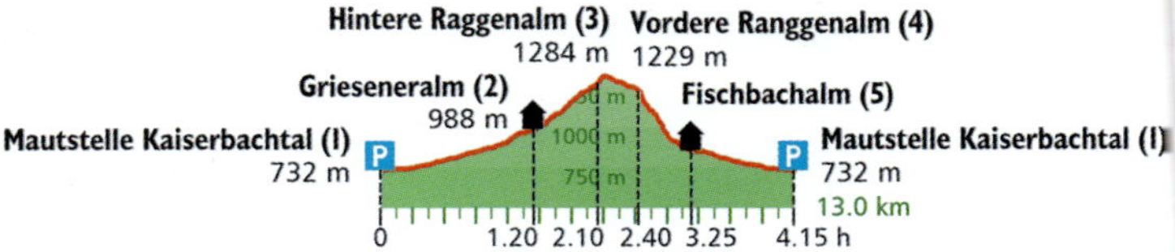

Ausgangspunkt: Griesenau, 727 m, Busse von Kufstein und St. Johann i. T., Parkplatz vor der Mautstelle im Kaiserbachtal, 732 m. Beschilderte Zufahrt (0,7 km) vom Whs. Griesenau.
Höhenunterschied: 600 m.
Anforderungen: Breiter Wanderweg zur Grieseneralm, von dort Traktorweg zur Ranggen-Hochalm, dann Steig über die Vordere Ranggenalm ins Tal, der stellenweise an »rot« heranreichen kann.
Einkehr: Grieseneralm, Fischbachalm, Vordere Ranggenalm (Juni bis Anfang Oktober).

Wie eine uneinnehmbare Festung bauen sich rechts die Randberge des Griesenerkars über dem Kaiserbachtal auf. Im Bild unten die Fischbachalm, hinten von links Steinplatte, Berchtesgadener Alpen, Loferer Steinberge.

Vom **Parkplatz (1)** kurz zur Brücke zurück und am gegenüberliegenden Ufer auf dem Schattseitweg etwa 4,5 km zur Grieseneralm hinauf, wobei das Gelände erst hinter der **Fischbachalm (5)** merklich ansteigt und der Kaisertalbach an beiden Gasthäusern sowie auf der Höhe der Latschenölbrennerei überquert werden kann. Ins Kaiserbachtal wandert man auch im Winter gerne hinein.

Der Rundweg über die Ranggenalmen bietet sich als lohnende Dreingabe für Berghungrige an. Auf der Ostseite der **Grieseneralm (2)** führt ein Traktorweg zur **Hinteren Ranggenalm (3)** (Ranggen-Hochalm) hinauf. Dort nimmt man einen Steig auf, der noch kurzzeitig ansteigt (bis auf 1310 m) und dann entlang von Matten, durch kleine Gräben und Buchten zur bewirtschafteten **Vorderen Ranggenalm (4)** (in der Karte: Untere Ranggenalm) abfällt. Der Abstieg zur **Fischbachalm (5)** führt zuerst über Bergweiden, dann durch einen Waldgürtel ziemlich geradewegs zur Talstraße und auf dieser links zum Gasthaus hinab. Über die gegenüberliegende Gedenkstätte und den Bach gelangt man zum Schattseitweg, der links zum **Parkplatz (1)** hinausführt.

17 Griesenerkar und Fritz-Pflaum-Hütte, 1866 m

4.15 St

Auf steinigen Pfaden in einen viel bestaunten Felszirkus

Die Routen ins Griesenerkar mit seiner imposanten Felskulisse führen vielfach über steiles, brüchiges Gelände; sie erfordern viel Trittsicherheit und Schwindelfreiheit. Am leichtesten ist der auch für größere Kinder geeignete Weg über das Große Griesener Tor zur unbewirtschafteten, am sonnigen Sockel des Mitterkaiser gelegenen Fritz-Pflaum-Hütte. Gleich einem überdimensionalen Hufeisen reihen sich die Gipfel, Wandfluchten, Türme und Schärtchen hier um das steinige Kar auf und schirmen es nach Osten, Süden und Westen ab. Neben der Hauptroute bietet das Griesenerkar mehrere spannende und meist recht mühsame Varianten, die alle reichliche Bergerfahrung, gute Kondition und stabiles Schönwetter voraussetzen.

Die Fritz-Pflaum-Hütte im Kessel des Griesenerkars, darüber das Kleine Törl.

Talort: Griesenau, 727 m.
Ausgangspunkt: Grieseneralm, 988 m. Zufahrt auf der Mautstraße aus der Griesenau. Bis in die Griesenau Busse von Kufstein und St. Johann i. T.
Höhenunterschied: 880 m.
Anforderungen: Breite Wanderwege in Talnähe, gut markiertes, aber steiniges und etwas mühsames Gelände im Griesenerkar. Beim Abstieg ist abschnittweise Trittsicherheit erforderlich. Bei zeitigem Aufbruch geht man lange im Schatten.
Einkehr: Keine! Fischbach- und Grieseneralm im Kaiserbachtal; die Fritz-Pflaum-Hütte ist unbewirtschaftet und nur mit AV-Schlüssel zugänglich (18 L.). Genügend Getränke mitnehmen!
Varianten: 1. Kleines Griesener Tor: Bei der Fischbachalm über den Bach und auf straßenbreitem Wanderweg etwa 10 Min. rechts weiter, bis der etwas verdeckte AV-Steig 816 links abzweigt. Auf diesem zuerst durch einen Waldstreifen, dann in einem Schuttbett zum Bergsockel. Links über eine Felsrippe (Drahtseilsicherung) und durch eine gut gestufte Latschengasse, anschließend in gleicher Richtung über eine licht bewaldete Rampe weiter. Rechts ausholen und oberhalb einer Rinne über Geröll wieder nach links hinüber. Über einen längeren, mühsamen Schuttstrich zu einem Felsriegel in der Karmitte. Diesen von rechts her überwinden und auf felsigem Untergrund durch Latschen und über gut gestuften Fels zum Kl. Griesener Tor, einem Geröllboden mit zahlreichen Steinmännern und Wegteilung (ca. 1615 m, gut 2 Std. vom Tal, »rot« obere Grenze). Geradeaus geht's aufs Lärcheck (Variante 2), rechts führt der Steig durch ein reich gegliedertes Kar über Fels, Schrofen und durch Latschen zur Fritz-Pflaum-Hütte (1866 m), wobei man sich an zwei Wegteilungen rechts hält (40 Min. vom Kleinen Griesener Tor). Abstieg auf der Hauptroute zur Grieseneralm; kurz vor dieser auf dem Wanderweg am rechten Bachufer zurück zur Fischbachalm.
2. Lärcheck (2122 m, »schwarz«, sehr mühsam): Vom Kl. Griesener Tor plagt

Blühendes Leinkraut, ein Lebenszeichen in der Steinwüste des Griesenerkars.

man sich knapp 300 Hm über einen riesigen Geröllhang, quert dann links auf Schrofenbändern zu einer großen Rinne und steigt über weitere Schrofen zu einem gesicherten Kamin an. Dahinter hilft ein weiteres Drahtseil über eine senkrechte Platte (Schlüsselstelle). Anschließend zieht eine gut gestufte Rinne auf ein Schartl und rechts zu einer zweiten Einschartung unterm Nordgipfel. Hier erneut nach rechts und auf den Hauptgipfel des Lärcheck (2 Std. vom Kl. Griesener Tor). Abstieg zum Kl. Griesener Tor wie Aufstieg, dann weiter zur Fritz-Pflaum-Hütte und über die Grieseneralm zurück zum Ausgangspunkt (vgl. Variante 1).
3. Mitterkaiser, 2001 m (½ Std. von der Pflaumhütte, »rot« bis »schwarz«): Von der Hütte links einen Schutthang bis hin zu einer markanten Rinne queren. Erst in dieser, dann durch Latschengassen und über Schrofen zum höchsten Punkt hinauf. Zum Nordgipfel (1975 m) geht's eine weitere ½ Std. am Grat entlang.
4. Ackerlspitze (2329 m, nur für erfahrene, trittsichere und schwindelfreie Bergsteiger, von der Pflaumhütte gut 2½ Std., »schwarz«, steiles, brüchiges Gelände, stellenweise Schwierigkeitsstufe I). Vom Sattel unterhalb der Hütte auf markiertem Steig südostwärts durch die Karmulde und im Linksbogen über die unter der

Gamsfluchten, Ackerlspitze und Hochgrubachspitzen vom Lärcheck (Variante 2).

Ackerlspitze eingelagerte Geröllrinne, dann links über Felsen zu einer steilen Schrofenflanke. Nach einigen Schleifen rechts über gestuften, grasigen Fels und in einer seichten, plattigen Rinne empor. Etwas verwickelt zur Scharte rechts des Gipfels (gut auf die Markierung achten!) und von dort auf die Ackerlspitze.

5. Kleines Törl (2102 m, »schwarz«, mühsam, 1 Std. von der Fritz-Pflaum-Hütte; vgl. Tour 31): Von der Pflaumhütte südwestwärts in den großen Karkessel und auf die unübersehbare Einschartung zu, von der ein steiler Geröllhang auf den Karboden herabzieht. Über dessen rechter Seite erfolgt der wesentliche Aufstieg. Ganz zuletzt geht es mit Hilfe von einer Seilsicherung und einiger Eisengriffe durch eine Steilrinne und einen engen Spalt aufs Kleine Törl (2102 m). In der schattseitigen Steilmulde halten sich häufig bis in den Hochsommer harte Altschneefelder, deren Gefährlichkeit man nicht unterschätzen darf!

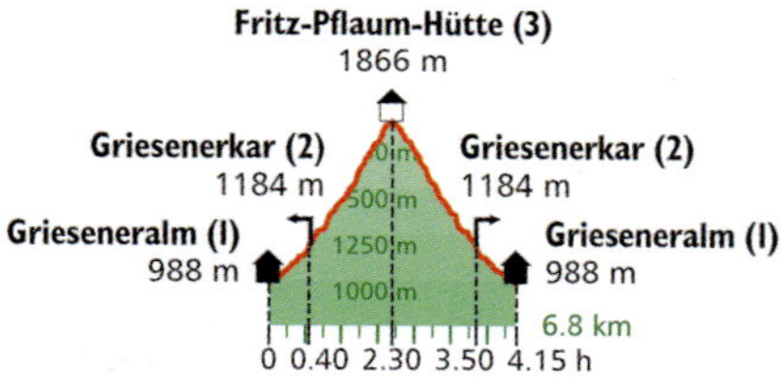

Hinter dem Gasthaus **Grieseneralm (1)** über den Steg in Richtung »Stripsenjochhaus«, dann auf breitem Wanderweg entlang des von Bäumen gesäumten Baches talaufwärts und in weiten Schleifen über die »Russenleiten« bis zum Wald hinauf. Vor der zweiten **Rechtskurve (2)** im Wald geht's links über einen Graben und jenseits durch Laubwald zum breiten, von Predigtstuhl (rechts) und Mitterkaiser (links) flankierten **Großen Griesener Tor**, das in seiner ganzen Länge von einer latschenbewachsenen, recht steinigen Rippe durchzogen wird. Auf dieser und zeitweise auch rechts davon steigen wir in vielen Serpentinen gegen den Kleinkaiser empor und dann im linken (östlichen) Ast des Hochtales über gestufte Mulden zur reizvollen **Fritz-Pflaum-Hütte (3)**. **Rückweg** wie Anstieg.

Griesenerkar mit Ellmauer Halt, Karlspitzen, Goinger Halten, Predigtstuhl (von links).

TOP 18 Steinerne Rinne

6.30 Std

Ein spektakulärer Anstieg zu Ellmauer Tor und Hinterer Goinger Halt

Auf kaum einer Wanderroute im Wilden Kaiser kann man dessen Architektu augenfälliger bestaunen und den ernsten Charakter dieses Gebirge eindrucksvoller erleben als in der Steinernen Rinne, dem »Herz des Wilde Kaiser«. Hier dominiert die Vertikale und aus den gewaltigen Wandfluchter Kaminen und Pfeilern von Predigtstuhl, Fleischbank und Christaturm schalle die Seilkommandos der Kletterer.

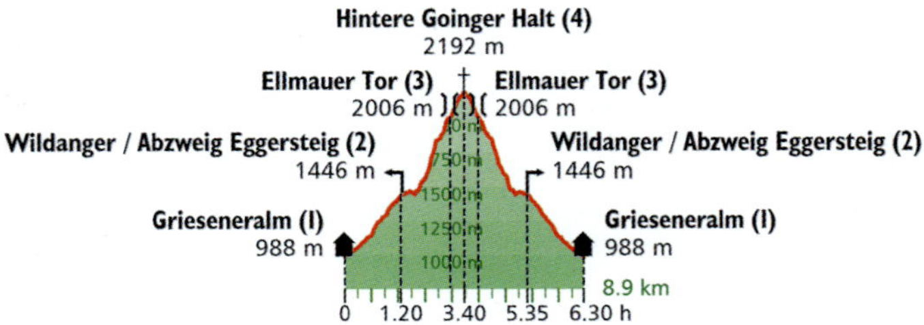

Talort: Griesenau, 727 m.
Ausgangspunkt: Grieseneralm, 988 m, Mautstraße von Griesenau (vgl. Tour 17).
Höhenunterschied: Ellmauer Tor ca. 1050 m, Hintere Goinger Halt ca. 1230 m.
Anforderungen: Alpiner Steig mit langen Seilpassagen und glatt poliertem Fels. Trittsicherheit, Schwindelfreiheit, Bergerfahrung, schnee- und eisfreie Verhältnisse dringend erforderlich, erst ab Mitte/ Ende Juli (!) ratsam, Steinschlaggefahr (Helm!), nicht bei Nässe! Die Route ist auch im Abstieg zu bewältigen!
Einkehr: Keine! Grieseneralm und Fischbachalm im Kaiserbachtal, Stripsenjochhaus 20 Min. abseits der Route.
Variante: Nächtigung im Stripsenjochhaus (von dort 1 Std. kürzerer Anstieg).

Hinter der **Grieseneralm (1)** überquert man den Kaisertalbach und folgt rechts dem breiten Wanderweg entlang des Baches, dann über einen Weidehang (»Russenleiten«), durch einen Waldgürtel, quer über einen Schuttstrom und erneut durch einen Waldstreifen zu einer Grasmulde (»Wildanger«) **(2)** unter dem Stripsenjoch. Hier zweigt links der **Eggersteig** zur Steinernen Rinne

Am Ellmauer Tor vor dem Christaturm (links) und der Fleischbank (Mitte).

Auf dem Weg zur Steinernen Rinne. Oben Ellmauer Tor und Fleischbank.

ab. Mit Hilfe längerer Seilsicherungen kraxelt man zuerst an- dann absteigend um den gestuften Nordsockel der Fleischbank herum, ehe ein Felsband in die **Steinerne Rinne** hineinquert. Auf gut gesicherten, z. T. ausgehauenen Felsstufen und -bändern überwindet man nun eine ausgeprägte, steile Felsbarriere in der Rinne. Danach geht es flacher über viel Schutt und zuletzt wieder felsig zum **Ellmauer Tor (3)** hinauf (AV-Weg 812). Gipfelsammler werden es sich nicht entgehen lassen, links zur **Hinteren Goinger Halt (4)** (vgl. Tour 32) anzusteigen – der Tiefblick von dort ins Griesenerkar ist beeindruckend. Der Steig verläuft über Fels und Geröll, durch eine Rinne (Kette) und über Schrofen auf die Grathöhe und links zum Gipfel. Der Abstieg führt wieder durch die **Steinerne Rinne** zur **Grieseneralm (1)** hinab.

…senkopf, 1807 m, …Feldberg, 1813 m

6.00 Std.

»Pflichtwanderung« im Angesicht berühmter Kletterberge

Im Wilden Kaiser gibt es kaum einen Wanderweg, der mehr Menschen … seinen Bann zieht als der von der Grieseneralm zum Stripsenjochhaus. E… Teil davon begnügt sich mit diesem Ziel am Sockel des berühmten Toter… kirchl (3 Std. hin und zurück). Für viele wird erst eine Überschreitung vo… Stripsenkopf und Feldberg ins Kaiserbachtal zur Krönung der Tour.

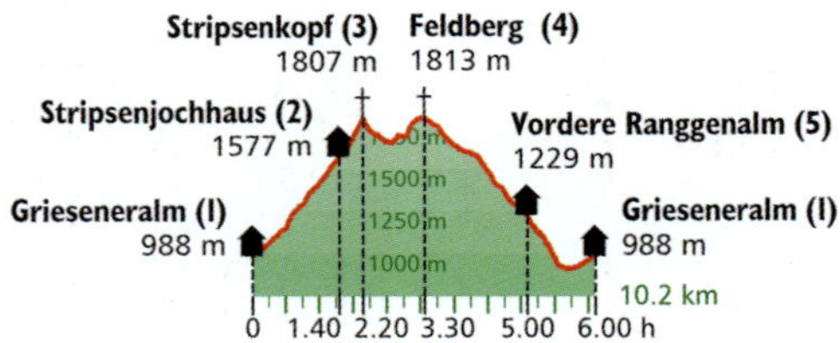

Talort: Griesenau, 727 m.
Ausgangspunkt: Grieseneralm, 988 m, Mautstraße von Griesenau (vgl. Tour 17).
Höhenunterschied: Stripsenjoch 590 m, Stripsenkopf 820 m, Rundtour 1070 m.
Anforderungen: Zum Stripsenjoch breiter, viel begangener Wanderweg (»blau«). Am Stripsenkopf und am Feldberg ist oft Trittsicherheit erforderlich (»rot«).

Einkehr: Grieseneralm, Stripsenjochhaus (AV, bew. Mitte Mai bis Mitte Oktober, 50 B., 130 L., Tel. +43 5372 62579), Vordere Ranggenalm, am Zufahrtsweg Fischbachalm und Whs. Griesenau.
Variante: Steiler, markierter Abstieg vom Feldberg zur Ranggen-Hochalm (nur für Geübte, z.T. »schwarz«), dann Traktorweg (»blau«) zur Grieseneralm (1½ Std.).

Hinter dem Gasthaus **Grieseneralm (1)** über die Brücke und auf breitem Weg zuerst am Bach entlang, dann im weiten Linksbogen über die grasigen »Russenleiten«. Anschließend durch zwei Waldgürtel, die vom Schuttstrom am Fuß

Oben: Am Feldberg, hinten links Steinerne Rinne und Ellmauer Tor, rechts Stripsenkopf.
S. 72: Stripsenjoch(haus), darüber von li. Fleischbank, Hintere Karlspitze und Totenkirchl.

von Predigtstuhl (links), Steinerner Rinne und Fleischbank getrennt sind. Dahinter auf schotterigem Pfad und in Serpentinen aufs **Stripsenjoch (2)**, auf dem das gleichnamige Unterkunftshaus schon lange zu sehen ist. Daran rechts vorbei und über die kleine Kuppe mit dem Tavonarokreuz (s. S. 175) hinweg. Dann auf ausgetretenem Steig über den teils brüchigen, teils felsigen Südrücken zu einer Wegteilung: Links »Stripsenkopf« – rechts »Übungsklettersteig« und Direktroute zum Feldberg (¼ Std. kürzer). Die linke Spur überwindet zuerst eine gesicherte Felspassage (Trittbügel, Seil) und trifft dann auf die Abzweigung zum »Klettersteig Unterer Stripsenkopf«, ehe sie den Aussichtspavillon am **Stripsenkopf (3)** erreicht.
Vom Stripsenkopf geht es über den Nordostgrat hinab und auf dem felsdurchsetzten, gras- und latschenbewachsenen Verbindungsgrat windungsreich und über kleine Kuppen (Drahtseil am **Tristecken**) zum Gras- und Latschenrücken des **Feldberg (4)**. Etwa ½ Std. lang in Latschengassen über den gut gangbaren **Ostgrat** (kurzes Drahtseil) in eine Scharte hinab, dann mit kurzen Gegenanstiegen nordseitig um drei Kuppen herum und über drei Scharten hinweg auf einen Grassattel hinab. Auf dessen Ostseite setzt ein Traktorweg an. Etwa 50 m vor diesem rechts abdrehen, durch lichten Bergwald auf Matten hinab und über diese rechts zur **Vorderen Ranggenalm (5)** (Karte: Untere Ranggenalm). Zum **Grieseneralm-Parkplatz (1)** entweder rechts 100 Hm ansteigen, dann zur Ranggen-Hochalm und von dieser auf einem Traktorweg ins Tal (vgl. Tour 16). Oder südwärts über Weidehänge und durch den Wald zu einer Verzweigung hinab, von dort rechts zum Parkplatz hinauf.

5.15 Std.

Schnappenstein, 1490 m

20

Beschauliche Almwanderung vor der Kulisse des Ostkaiser

Der Schnappen, auf der Ostseite des Kaisergebirges, ist durch den Kohlenbach vom eigentlichen Gebirgsstock getrennt und weist wesentlich sanftere Züge auf als dieser. Er bietet eine beschauliche, abwechslungsreiche Wanderung, die durch einen Waldgürtel und über buckeliges Weidegelände zu Almen und reizvollen Aussichtspunkten führt.

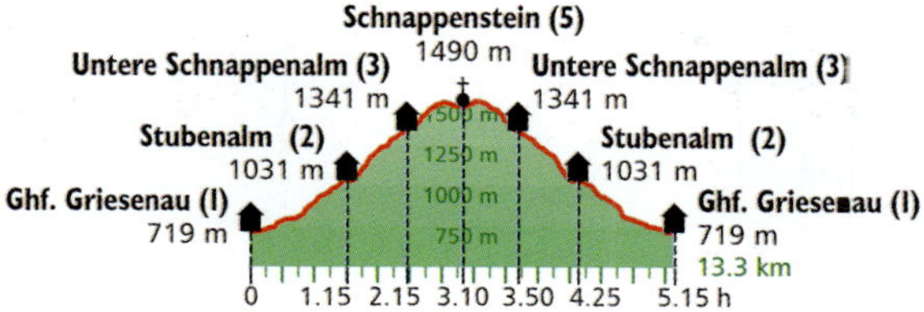

Talort: Kirchdorf in Tirol, 641 m.
Ausgangspunkte: 1. Griesenau, 727 m, beim gleichnamigen Ghs. Busse von Kufstein und St. Johann in Tirol.
2. Ghf. Altmühl, ca. 770 m, Abzweigung bei km 6,5; Bushaltestelle »Altmühl«. Privatparkplätze für Hausgäste.
Höhenunterschied: 900 m.
Anforderungen: Gut markierte Waldwege, Almsteige und -sträßchen.
Einkehr: Ghs. Griesenau, Café Kaiserstüberl, Ghf. Altmühl, Stubenalm (Mai mit Okt.), Unt. Schnappenalm (Juni mit Sept.).
Variante: Untere Schnappenalm – Sprißleralm – Ghf. Altmühl (Weg Nr. 5, ca. 2 Std. und zusätzlich 100 Hm, landschaftlich reizvoll, siehe Tour 21).

Oben: Am Schnappenstein. Hinten die Hochplatte, rechts davor die Rauhe Nadel.
Rechts: Frostig stiller Herbsttag in der Griesenau. Das Morgenlicht inszeniert ein gigantisches Schauspiel am Fuß von Maukspitze, Ackerlspitze, Gamsfluchten und Lärcheck (v. li.).

Vom Gasthaus **Griesenau (1)** wandern wir ostwärts an zwei Weihern vorbei zu einem Sträßchen, dem wir nach rechts zu einer Alm folgen. Hier zweigen wir nach rechts ab und nehmen dahinter den Weg Nr. 5 vom Gasthof Altmühl (in der Karte: Altmühle) auf. Wer seine Tour dort beginnt, muss hinter dem dritten Gebäude links (!) über den Bach (Ww. »Griesenau«), dann an einer Hecke und einem Zaun entlang zu einem Durchschlupf und dahinter in gleicher Richtung zu dem von der Griesenau heraufführenden Weg. Beide Routen führen nun gemeinsam ostwärts (rechts) in Richtung »Stubenalm, Schnappenalm« durch einen ausgedehnten Waldgürtel und über eine Weidemulde zur **Stubenalm (2)**. Knapp 100 m dahinter teilt sich der Zufahrtsweg zur Alm. Wir halten uns rechts und erreichen nach gut 50 m einen Viehrost. Hier zweigen wir links ab und folgen einem markierten Steig, der sich über Grasmulden und -rücken hinaufwindet und dabei drei Mal das Almsträßchen quert. Auf diesem erreichen wir links die versteckte **Untere Schnappenalm (3)**. Auch oberhalb von dieser können wir die Straßenschleifen zur **Oberen Schnappenalm (4)** auf einem markierten Steig abkürzen. Die letzte Wegetappe führt von der Alm zu einem gut sichtbaren Feldkreuz, daran rechts vorbei und im Auf und Ab über Mulden und zwei licht bewaldete Kuppen (**Schnappen**) hinweg zum Bildstock auf den **Schnappenstein (5)** hinab. Kurz vor der ersten Kuppe kann man auch links (westseitig) zum Schnappenstein queren und sich etwa 50 Hm ersparen. **Rückweg** wie Aufstieg.

21 Prostkögerl, 1244 m

3.00 Std

Eine Almwanderung mit viel Abwechslung und für jeden Geschmack

Wie hätten Sie es denn gerne? Eine Almwanderung auf Sträßchen, einen b- scheidenen, leicht ersteigbaren Grasbuckel oder eine romantische, abwech- lungsreiche Schlucht? Die Wanderung aufs Prostkögerl hat all dies einze oder in Kombination zu bieten. Die Teufelsgasse mit ihrem Felsenlabyrinth ur dem teilweise seilgesicherten Wegverlauf ist besonders für Kinder spannen

Talort: Kirchdorf i. T., 641 m. Busse von Kufstein und St. Johann i. T.
Ausgangspunkt: Faulernkapelle in Hinterberg, 990 m. Zufahrt: Bei Kilometermarke 5,4 (Bushaltestelle und Parkplatz) zwischen den Kirchdorfer Ortsteilen Gasteig und Griesenau nach Hinterberg abzweigen und dann 2,4 km zum Wanderparkplatz vor der Faulernkapelle.
Höhenunterschied: 450 m in mehrfachem Auf und Ab.
Anforderungen: Almstraße und leichte Wanderwege zu den Almen und auf das Prostkögerl (»blau«). In der Teufelsgasse alpines Gelände, das stellenweise gesichert ist (Leiter und Seile) und Trittsiche- heit erfordert (»rot«). Die Schleife über d Sprißleralm ist leicht, hinter derselbe aber nur dürftig markiert, weshalb hie ein wachsames Auge erforderlich ist!
Einkehr: Prostalm.
Variante: Von Gasteig (Abzweigun nach Kirchdorf) durch den Maukweg unc über Wiesen zum Hinterschwaiger (Weg Nr. 2), Zwischen den beiden Höfen links zum Wald hinauf und auf steilem, breiter Weg zu einer Forststraße. Auf diese leicht fallend zum Faulernhof und zu gleichnamigen Kapelle in Hinterberg (»blau«, 250 Hm, 1 Std., s. Bild S. 22/23).

Die Almmulde der Sprißleralm mit dem Wilden Kaiser (links Maukspitze, Mitte Ackerlspitze).

An der Straßenteilung bei der **Faulernkapelle (1)** wandern wir über den linken Ast in weiten Schleifen auf die **Kammhöhe**. Wer die leichtere und wesentlich kürzere Route zur Prostalm vorzieht, steigt bis zur Straßenteilung auf der Höhe an, hält sich dort rechts und folgt dem Fahrweg über die Marcheralm zur Prostalm (Abstiegsweg). Wir aber fassen die wesentlich interessantere Route Nr. 4 durch die **Teufelsgasse (2)** ins Auge und zweigen schon etwa 100 m vor der Straßenteilung unter einem Ferienhaus rechts ab. Ein Steig führt recht wellig und auch windungsreich am bewaldeten Höhenzug entlang, zwängt sich z. T. mit Seilhilfe und einer kurzen Leiter durch Felsspalten und folgt kleinen Schluchten ostwärts auf Bergweiden hinaus, wo es im Linksbogen zur **Prostalm (3)** geht. Von dieser steigen wir über schöne Grashänge zum gut sichtbaren Gipfelkreuz auf dem **Prostkögerl (4)** und wieder zurück. Dann wandern wir von der Prostalm auf dem Fahrweg über die **Marcheralm (5)** zur Straßenteilung auf der **Kammhöhe** zurück und haben dort die Wahl: links über den Aufstiegsweg zum Ausgangspunkt zurück oder – länger – auf der rechten Almstraße leicht fallend zur **Sprißleralm (6)**. Dort in weitem Linksbogen über ein spärlich markiertes Waldplateau, dann auf einem Waldweg hinab zur Straße und auf dieser zum Parkplatz an der **Faulernkapelle (1)**.

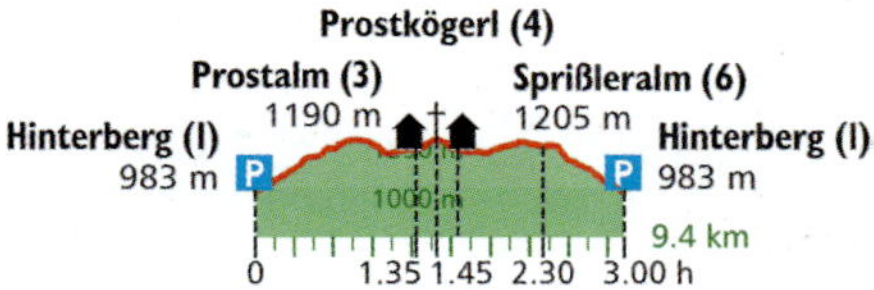

22 Maukalm, 1267 m, und Goinger Gamskögerl, 1645 m

5.30 Std.

Blumenreiche Almmatten unter abweisenden Felsflanken

Wer im Kaisergebirge stille Winkel sucht, dem kann man diese Rundtour über den Niederkaiser und seine Almen empfehlen. Die Zustiege von der nördlichen Seite sind leichter als die von Süden (vgl. Tour 23) und oberhalb der Waldgrenze ist die Strecke von großartigen Landschaftsbildern flankiert.

Talort: Kirchdorf i. T., 641 m.
Ausgangspunkt: Kramerhof im Ortsteil Gasteig, Privatparkplatz, 760 m.
Höhenunterschied: 900 m.
Anforderungen: Gut markierte Almstraßen, Wanderwege und leichte Steige.

Einkehr: Hackeralm (Juni bis Sept.), Kramerhof und Ghs. Mitterjager in Gasteig.
Variante: Nach gut ¾ Std. Gehzeit, wo die Straße ca. 10 m abfällt (Forsthütte), kann man links auf dem alten, nicht markierten Almweg zur Maukalm abkürzen.

Gleich hinter dem **Kramerhof (1)** gehen wir links über den Bach und dann rechts zu einer Wegteilung hinter der nächsten Brücke. Hier beginnt unsere Rundtour: nach rechts hinauf, von links herab. Die rechte, gut beschilderte Forststraße verläuft bis zur **Maukalm (2)** zumeist im schattigen Bergwald. Von dieser lohnt sich ein Abstecher nach rechts zu einer Grasschulter mit Kreuz (Prachtkulisse). Hinter der Alm steigen wir links in einer Grasrinne und -mulde auf einen Latschengrat und über diesen zu einer Wegteilung: links »Kaiserhochalm«, rechts »Gamskögerl«. Wer die Tour abkürzen will, hält sich hier links. Zum Goinger Gamskögerl aber gehen wir rechts auf den **Niederkaiserkamm** und folgen diesem westwärts über Bergweiden und Latschenfelder auf das unbedeutende **Kirchdorfer Gamskögerl (3)**. Dahinter geht es auf dem welligen Kamm zum unscheinbaren **Goinger Gamskögerl (4)** weiter, das aber einen prächtigen Ausblick auf die östlichen Kaiserzinnen zu

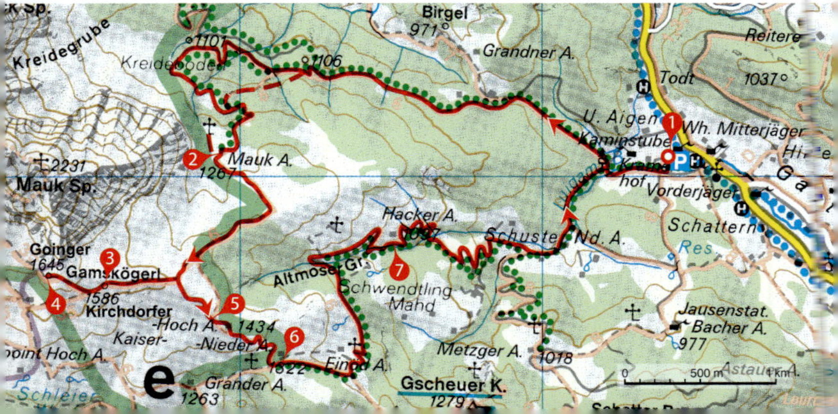

Am Goinger Gamskögerl. Hinten links die Regalpspitze, in der Mitte die Ackerlspitze.

bieten hat und am Sockel der Maukspitze den Ansatz des Niederkaiserkammes markiert. Über die Aufstiegsroute gehen wir bis zur Wegteilung hinter dem Kirchdorfer Gamskögerl zurück, wandern dann rechts über flache Bergweiden zur östlichen **Kaiser-Hochalm (5)** und über einen steilen Rücken zur **Niederalm (6)** hinab. Dort nehmen wir ein Sträßchen auf, das im Linksbogen um die **Einödalm** herumführt (kurzer, wegloser Abstecher rechts aufs Einödköpfl). Dem Sträßchen folgen wir zur **Hackeralm (7)**, dahinter in vielen Schleifen ins Tal und zuletzt flach zum **Ausgangspunkt (1)** hinaus.

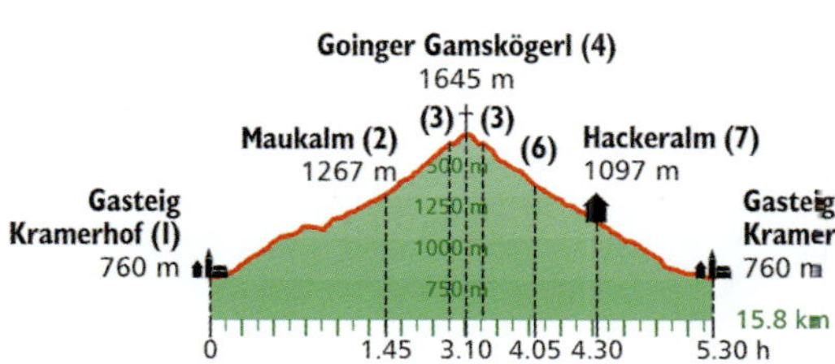

23 Gscheuerkopf, 1279 m

5.45 Std.

Ein Rucksack voll Überraschungen am Niederkaiser

Als Ausläufer seiner imposanten Felskulisse streckt der Wilde Kaiser einen längeren und eher unscheinbaren Kamm nach Osten: den Niederkaiser. Das Wandergeschehen ist hier wesentlich stiller als entlang der Hauptkette, doch es hält eine Menge Überraschungen bereit. Die vorgeschlagene Längsüberschreitung des Kammes erschließt kleine, kecke Gipfel, Höhlen und einen Wasserfall sowie reizvolle Kapellen und Almen. Einzelne gesicherte Passagen erfordern Trittsicherheit und stellenweise auch Schwindelfreiheit.

Talort: St. Johann i. T., 659 m. Bus- und Bahnlinien aus mehreren Richtungen.
Ausgangspunkt: Ghs. Hinterkaiser, 690 m, Privatparkplatz. Zufahrt: In St. Johann nicht in die Unterführung, sondern seitlich davon zum Kreisverkehr und dort zum »Hinterkaiser« abzweigen (1,8 km).
Höhenunterschied: 850 m im mehrfachen Auf und Ab.
Anforderungen: Sträßchen, Wanderwege und alpine Steige mit Drahtseilpassagen und einer Leiter. Trittsicherheit und stellenweise auch Schwindelfreiheit erforderlich, häufig »rot«, wiederholt auch »schwarz«. Beim Wandern mit Kindern Sicherungen mitnehmen, nicht bei Nässe!
Einkehr: Ghs. Hinterkaiser, Rummlerhof (Mo. Ruhetag).
Varianten: 1. Maiklsteig: Vom Ghs. Hinterkaiser mit Pkw noch 1 km weiter zu einem Parkplatz bei einem Waldstreifen und Viehrost. Auf steilem Waldsteig in ¾ Std. zu einer Rastbank unter einem Felsüberhang, dann auf Trittbügeln an einer Felswand entlang auf eine Schulter und mit Hilfe von Trittbügeln und drei Leitern auf die Kammhöhe (»schwarz«, nur für Geübte, 1¼ Std., 450 Hm). Von dort auf der Hauptroute nach links zum Gscheuerkopf weiter. Die Route nach rechts über den Schatterberg zur Gmailkapelle und über die Einsiedelei zum Hinterkaiser birgt wegen des sehr steilen und häufig auch feuchten Geländes (»schwarz«) im oberen Abschnitt erhebliche Gefahren; von einer Begehung im Abstieg wird eher abgeraten.
2. Von der Granderalm auf einem Almweg links (Ww. »St. Johann«) durch einen Waldgürtel zur Hauptroute. Leichter und ½ Std. kürzer als über den Schleierwasserfall.

Über die Trittbügelpassage des Maiklsteiges (Variante 1) auf den Niederkaiser.

Hinter dem **Gasthaus Hinterkaiser (1)** wandert man nach rechts (Ww. »Wilder-Kaiser-Steig«) zu einer Asphaltstraße, auf dieser links und auf dem Wanderweg Nr. 9 (Kreuzweg) zur **Einsiedelei (2)** hinauf. Dahinter geht es auf dem WKS steil zu einer Gratschulter mit Weggabelung: Rechts erreicht man nach ca. 50 m die Lourdesgrotte, links nach ca. 20 m die **Gmailkapelle (3)**, an der der weitere Anstieg vorbeiführt. Er folgt einer steilen, bewaldeten Rippe (bei Nässe gefährlich!) bis zum Sockel einer überhängenden Wand (Rastbank) und erklimmt nun links davon über eine gesicherte Steiganlage die Kammhöhe. Hier folgen wir dem linken Pfad über den **Schatterberg (4)** und einen reizvollen Grat mit dem Ursula-Blick und der Einmündung des Maiklsteiges (Variante 1) zum **Gscheuerkopf (5)**. Nach kurzem, steilem Abstieg (Drahtseil) verbreitert sich der Rücken, und wir erreichen vor der Einödalm ein Sträßchen und auf diesem bergwärts die **Kaiser-Niederalm (6)**.

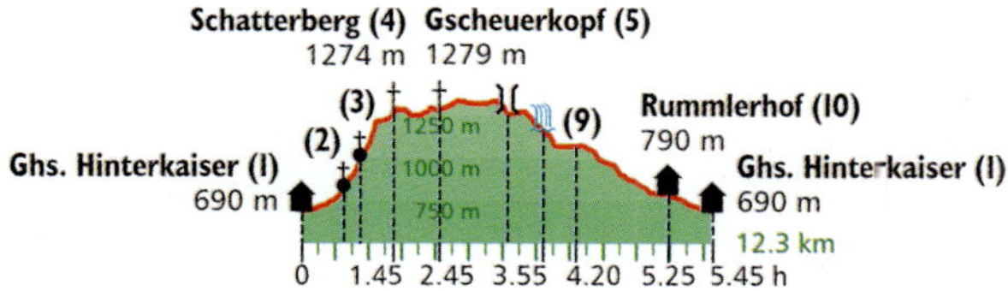

Am Gscheuerkopf. Hinten links die Loferer, rechts die Leoganger Steinberge.

Dahinter geht es über einen Grashang auf einen Sattel (Wegteilung) und von dort links zur **Granderalm (7)** hinab. Eilige können nun auf einem Almweg (Variante 2) links durch einen Waldgürtel absteigen und so die Westschleife der Hauptroute ausklammern. Diese ist deutlich länger, aber auch wesentlich interessanter; sie holt unter der Alm entgegen dem Uhrzeigersinn westwärts aus und umgeht dabei ein Feuchtgebiet; dann führt sie an einer seilgesicherten Bergflanke entlang, steigt mit Hilfe einer Leiter über ein Felswandl und auf einem Waldweg zum **Schleierwasserfall (8)** ab (vgl. Tour 28). Dort dreht der Pfad scharf links zum Rummlerhof ab, windet sich über steiles Waldgelände talwärts und quert dann über die **Diebsöfen (9)** (Felsgrotten ähnlich der Tischoferhöhle, vgl. Touren 45, 46 und 47) weit nach Osten, bis er auf den Almweg von der Granderalm trifft und kurz darauf eine Forststraße erreicht. Auf dieser geht es nach links, auf dem »Wanderweg« zu einer Routenteilung hinab und links zum **Maurerbauer** hinaus. Von dort kehren wir auf einer Asphaltstraße über den **Rummlerhof (10)** zum **Hinterkaiser (1)** zurück.

4.45 Std.

Harschbichl, 1604 m, und Kitzbüheler Horn, 1996 m

24 TOP

Die reizvollsten Wege aufs »Horn«

Das Kitzbüheler Horn ist von einem weithin sichtbaren Sendemast gekrönt, der es aus der Ferne noch spitzer erscheinen lässt, als es wirklich ist. Es lockt jährlich ungezählte Besucher auf seinen Gipfel und verwöhnt sie mit einer großartigen Schau auf bis zu 125 Gipfel vom Wilden Kaiser und den Steinbergen bis zu den Hohen Tauern (Großglockner) und Zillertaler Alpen. Über dem nördlich vorgelagerten Harschbichl, der von St. Johann mit einer Kabinenbahn bequem erreichbar ist, reckt sich das Horn als beeindruckende Berggestalt in die Höhe. Es kann von hier auf einem blumenreichen Höhenweg über die Hoferschneid, auf der man auch Murmeltieren begegnen kann, und den bereits 1908 erbauten Ludwig-Scheiber-Weg überschritten werden. Auch ein Klettersteig (C/D) führt über die Nordseite zum Gipfel. Wer es nicht so alpin haben will, wandert von der Bergstation am Harschbichl über mehrere Gasthäuser nach St. Johann hinab oder fährt mit einem Mountain Cart – Kinder bis 12 Jahre nur in Begleitung eines Erwachsenen – ins Tal. Am Bergsee, in unmittelbarer Nähe zur Mittelstation, bietet außerdem der Hornpark Kletterwald mit 85 Stationen ein Betätigungsfeld für jedes Alter.

Von der Hoferschneid blickt man auf die Bergstation am Harschbichl (Bildmitte), darunter die Rupenalm, im Hintergrund die gesamte südseitige Kette des Wilden Kaiser.

Talort/Ausgangspunkt: St. Johann i.T., 659 m. Bahn- und Buslinien aus verschiedenen Richtungen. Talstation der Bergbahn, 682 m. Betrieb täglich von Mitte Mai bis Anf. Okt., 9.00 Uhr bis 16.30 Uhr, Tel. +43 5352 62293.
Höhenunterschied: Knapp 450 m.

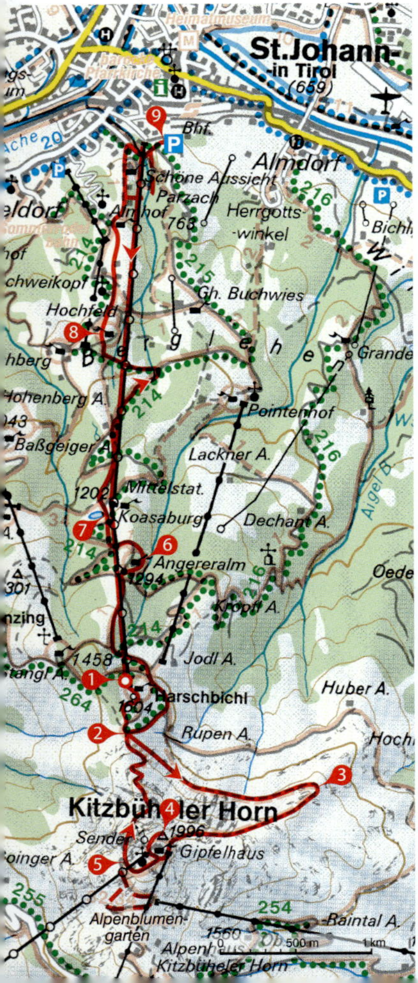

Anforderungen: Der gut ausgebaute, teilweise mit Drahtseilen gesicherte Scheiber-Weg zum Kitzbüheler Horn erfordert ebenso wie der weniger begangene Steig über die Hoferschneid stellenweise Trittsicherheit (»rot«). Nicht bei Nässe, Nebel, Schnee! Vom Harschbichl führen neben einer Forststraße (beliebte Biker-Route) ein sehr gut beschilderter Wanderweg (»blau«) und eine Mountain-Cart-Strecke nach St. Johann hinab, die abschnittweise nebeneinander verlaufen, aber deutlich abgegrenzt sind.
Einkehr: Harschbichlalm, Gipfelhaus am Horn, Stanglalm, Angereralm, Koasaburg, Hochfeld, Hirschberg, Almhof u. a.
Variante: Vom Kitzbüheler Horn mit der Seilbahn nach Kitzbühel und mit dem Bus nach St. Johann zurück (Angebot mit der Sommer Card oder speziellen Tickets).

Von der Bergstation am **Harschbichl (1)** gehen wir südwärts zu einer Wegteilung in die **Harschbichlscharte (2)** hinab. Von dort führt der für den Abstieg vorgesehene und auch von größeren Kindern begehbare Ludwig-Scheiber-Weg als kürzere Route aufs Kitzbüheler Horn. Nach links quert der längere, schon vom Harschbichl gut sichtbare Jägersteig durch die ausladende NO-Flanke des Berges und erreicht nach einer kurzen Steilstufe die **Hoferschneid (3)**. Nach einer welligen Flachpassage treffen wir bei einem Steinwall auf eine Wegteilung, an der die »Almrunde« abzweigt. Der Steig aufs Horn folgt zuerst dem Wall, dann einem Zaun, bis sich die steilen, blumenreichen Grasrücken hinter einem Drehkreuz zu einem Grat verjüngen. Schwindelfreien mit alpiner Erfahrung bietet die Direttissima über den Grat zum Sendemast einen begeisternden Schlussakkord.

Der Normalweg dagegen quert eine große Grasmulde und windet sich anschließend über eine kurze Steilstufe und einen Grashang zum **Gipfelhaus** mit einem Spielbereich für Kinder. Von hier sind es nur noch wenige Minuten bis zum Gipfel des **Kitzbüheler Horn (4)**, auf dem uns Panoramatafeln die umliegenden Gipfel benennen.

Über die Bergstation der Horn-Gipfelbahn und eine Kapelle steigen wir südwestwärts in eine Scharte ab, an der sich der Weg dreifach teilt: Geradeaus sind es nur noch wenige Schritte bis zum Kreuz auf der **Westschulter (5)**. Nach links führt ein Abstecher in 5 Minuten zum Alpenblumengarten hinab. Rechts folgen wir dem Ludwig-Scheiber-Weg in Richtung St. Johann. Dabei queren wir zuerst zu einem originellen Felsentor und folgen dann einem geschickt angelegten, teilweise gesicherten Pfad in vielen Windungen über eine felsdurchsetzte, steile Grasflanke sowie über kleine Kuppen und Schärtchen talwärts. Am Fuß eines ausladenden Grasrückens erreichen wir schließlich die **Harschbichlscharte (2)**.

Wer zu Fuß nach St. Johann absteigen will, kann sich den Gegenanstieg zur Bergstation am **Harschbichl (1)** sparen und gleich rechts auf dem Sträßchen sowie auf sehr gut beschilderten Wanderwegen über die **Angereralm (6)**, den unterhalb der Mittelstation gelegenen **Bergsee (7)**, über **Hochfeld (8)**, den Almhof und die Windeggkapelle nach St. Johann hinabwandern. Dort geht es über den Hornweg rechts zur nahen **Talstation (9)** und zum Parkplatz zurück.

Das Kitzbüheler Horn, Wahrzeichen der gleichnamigen Gebirgsgruppe.

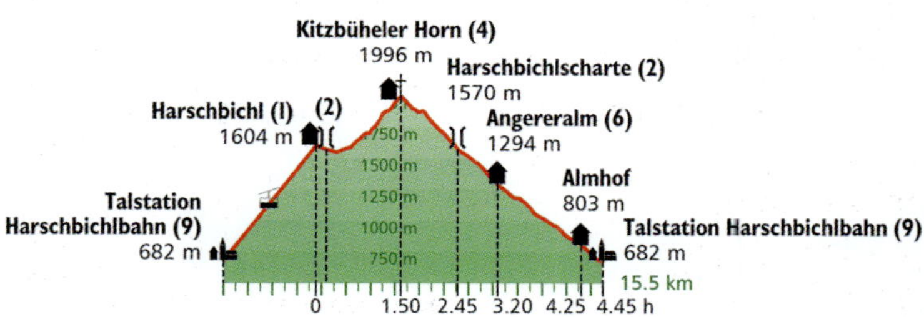

25 Adlerspoint, 1418 m, und Baumooskogel, 1506 m

5.15 Std

Ein Feldherrnhügel über den Kalksteinalmen

Die Wanderung nach Adlerspoint und zum Baumooskogel, einem lohnenden Aussichtspunkt, führt über ein welliges Hochplateau von beachtlicher Ausdehnung, das man vom Gipfel wie von einem Feldherrnhügel aus gut überblicken kann. Über die buckligen Weideböden sind die durch ein für den Verkehr gesperrtes Straßennetz verbundenen Kalksteinalmen verstreut; in einer Mulde inmitten dieser weiten Almenlandschaft liegt Adlerspoint.

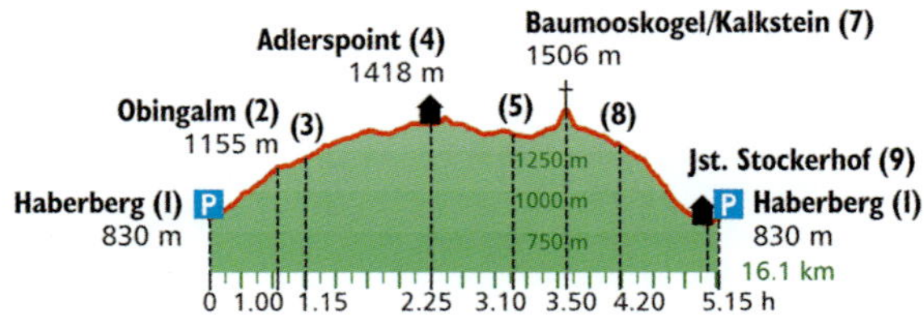

Talort: Kirchdorf i. T., 641 m.
Ausgangspunkt: Parkplatz am Haberberg, 830 m. Von der B 178 (St. Johann i. T. – Lofer) bei Kilometermarke 32,4 abzweigen (Haltestelle »Habach«, Buslinie St. Johann i. T. – Lofer), dann gleich links über die Brücke und dem Wegweiser »Stockerhof« folgen (1,9 km von der B 178, gut ½ Std. zu Fuß).

Höhenunterschied: 800 m.
Anforderungen: Unschwierige Wanderwege und bequeme, etwas eintönige Almsträßchen (»blau«). Kurzer, steiler Gipfelaufbau (»rot«).
Einkehr: Ghf. Adlerspoint (geöffnet Juni bis einschl. Okt.); Stockerhof (bew. Weihnachten bis Ende Okt., 5 Min. vom Parkplatz), Ghs. Habach an der B 178.

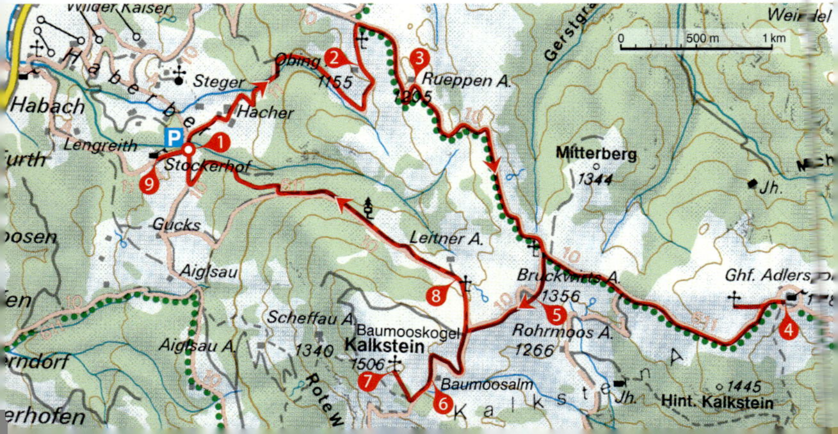

In Bildmitte links die Kuppe des Baumooskogel, im Bild unten Adlerspoint.

Vom **Parkplatz (1)** gehen wir etwa 20 m zur Straßengabelung zurück und auf dem Asphaltsträßchen (Ww. »Obingalm 11«) zu den beiden **Hacherbauern**. Dort folgen wir kurz einem Traktorweg zum Wald und drehen dann bei einem Überstieg links auf einen Waldsteig ab, der uns zu einem Graben führt. Am gegenüberliegenden Ufer gehen wir bis zu einem weiteren Traktorweg, queren diesen und erreichen bald darauf eine Almlichtung. An ihrem oberen Ende schwenken wir scharf nach links und steigen über Weidehänge zur nun sichtbaren **Obingalm (2)** an. Auf einem Almsträßchen gelangen wir in Kürze zu einer Verzweigung, halten uns dort rechts und wandern auf dem Fahrweg zur nahen **Heisenalm (3)** (in der Karte: Rueppenalm) und dahinter links in ½ Std. zur großen **Straßengabelung** auf dem Almplateau. Der linke Straßenast führt uns zuerst leicht fallend, dann etwas steigend nach **Adlerspoint (4)**, wo wir einkehren und/oder kurz davor eine kreuzgeschmückte, aussichtsreiche Kuppe besteigen können, ehe wir zur Straßengabelung zurückkehren. Der andere Straßenast läuft über die **Bruggwirtsalm (5)** (in der Karte: Bruckwirtsalm) zu einer weiteren Verzweigung. Hier steuern wir links die **Baumoosalm (6)** an und mühen uns dahinter auf Steigspuren über eine aufsteilende Grasrippe auf den höchsten Punkt des Almplateaus, den **Baumooskogel (7)** (in der Karte: »Kalkstein«). Auf dem Aufstiegsweg geht's zurück zur Straßenteilung, dann auf dem linken Sträßchen (Ww. »Aiglsau, Leitneralm 10«) zum Feldkreuz der **Leitneralm**. Gleich dahinter überqueren wir den Graben zur Linken **(8)** und halten uns an der folgenden Gabelung rechts (Ww. »St. Johann«). Unser Weg läuft durch den Wald zu einer Abzweigung hinab (Ww. »Habach, Kirchdorf«), die uns rechts zu einer Asphaltstraße hinabführt. Auf dieser geht es rechts zum **Parkplatz (1)** zurück. Kurz davor können wir uns noch für eine Einkehr im nur wenige Minuten entfernten **Stockerhof (9)** entscheiden.

26

Hollenauer Kreuz, 1025 m, und Hausberg, 1300 m

3.15 Std

Ein Schaufenster zum Wilden Kaiser

Die Wanderung über das Hollenauer Kreuz zum Astberg und Hausberg, die einen Bogen hoch über den schmucken Bergdörfern Ellmau und Going beschreibt, lebt vor allem von der großartigen Szenerie der Kaiser-Südseite. Sie stellt eine gemütliche, weitgehend schattige Eingehtour dar, auf der man sich als Einsteiger oder nach längerer Pause ans Bergwandern gewöhnen kann.

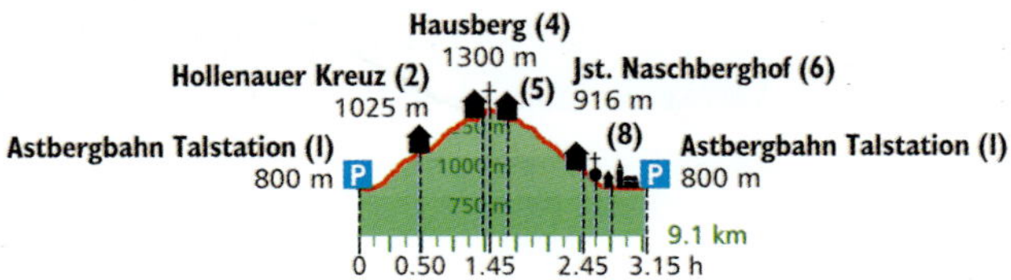

Talorte: Ellmau, 804 m; Going, 773 m, an der Buslinie Kufstein – St. Johann i. T.
Ausgangspunkt: Parkplatz am Astberglift zwischen Ellmau und Going, ca. 800 m.
Höhenunterschied: 500 m.
Anforderungen: Breite, gut markierte Wanderwege mit steilen Passagen.
Einkehr: Jst. Hollenauer Kreuz, Blattlalm, Brenneralm, Naschberghof, Treichlhof (nur bei Variante 2).
Varianten: 1. Von Going (Dorfmitte) zum Hollenauer Kreuz.
2. Vom Hausberg auf der sonnigen Straße über den Treichlhof nach Ellmau.
Tipp: Charmanter Dorfplatz und Barockkirche in Going.

Am oberen Ende des Parkplatzes am **Astberglift (1)** befindet sich ein Durchschlupf. Hier gehen wir links auf dem eben verlaufenden Tiroler Jakobsweg in knapp 10 Minuten an einem Hackschnitzeldepot vorbei zur Talstation eines Schlepplifts. Unmittelbar vor diesem drehen wir rechts ab und wandern auf Weg Nr. 3 über eine Skipiste und durch einen Waldstreifen zur **Lanzenalm**, dahinter durch einen weiteren Waldstreifen und über eine Bergwiese zur Jausenstation

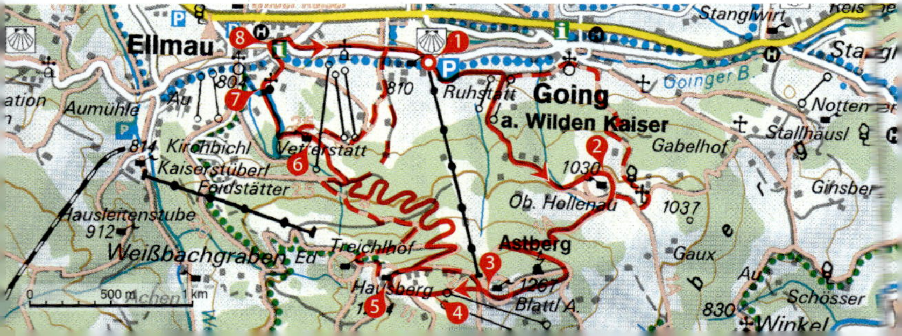

Am Hollenauer Kreuz, Ausblick auf den Zentral- und Ostkaiser.

Hollenauer Kreuz (2) (in der Karte: Obere Hollenau) hinauf, wo sich die reich gegliederte Kaiser-Südseite in ihrer ganzen Pracht zeigt. Nun gehen wir auf einer Asphaltstraße ein ganz kurzes Stück südwärts bis zum nächsten Haus und zweigen dann rechts ab. Der Weg Nr. 7 führt uns über eine Wiese und durch den Wald zu einer Skipiste hinauf, die wir oberhalb einer markanten Rechtskurve wieder verlassen und links abzweigen. Auf einem Waldweg gelangen wir über die Ost- auf die aussichtsreiche Südseite des Astberg (Ausblick auf die Kitzbüheler Alpen, die Glockner- und Venedigergruppe) und kurz darauf zur **Blattlalm** und zur Bergstation der **Astbergbahn (3)** (Betrieb: Juli bis Oktober). Von dieser steigen wir links über den »Sonnenliftweg« auf das Gipfelplateau des **Hausberg (4)** und wandern von dort durch den Wald zur **Brenneralm (5)** hinab, die man von der Bergstation auch kürzer auf einem Sträßchen erreichen kann. Auf der Ostseite des Gasthauses führt uns eine schattige Rodelbahn in vielen Kehren durch den Wald zum **Naschberghof (6)** hinab. Eilige können schon vorher am Markierungspunkt »1. Kreuzung, 960 m« oder gleich unterhalb von Naschberg rechts zur Talstation des Astberglifts abdrehen. Alle anderen zweigen erst etwa 100 m hinter dem Gasthaus rechts von der Straße ab und wandern über die reizvolle **Marienkapelle (7)** und die Kneippanlage nach **Ellmau (8)**. Die Route führt im Tal zwischen den Tennisplätzen und dem Kinderspielplatz hindurch, hinterm Gasthaus Franzl links zur Dorfstraße und dort sowie an der folgenden Gabelung rechts zum Parkplatz am **Astberglift (1)** zurück.

…stadl, 1650 m, Eiberg,1672 m, …artkaiser, 1555 m

4.15 Std

…ge von der »KaiserWelt« zu »Ellmi's Zauberwelt«

Das Hügelland zwischen Hartkaiser, Zinsberg und Brandstadl ist im Winter Teil eines der größten zusammenhängenden Skigebiete Österreichs. Die umfangreichen Liftanlagen sind durch Versorgungswege vernetzt, die in der Sommersaison als Wanderrouten dienen und durch zusätzliche, gut ausgebaute Wanderwege ergänzt werden. Darüber hinaus sind die Gipfelbereiche am Brandstadl und Hartkaiser für Kinder jeden Alters als phantasievolle Erlebniswelt gestaltet, die sie auf spielerische Weise mit Geologie, Biologie und Mythologie der Gegend bekannt macht und ihnen an Abenteuerspielstationen Mut und Geschicklichkeit abverlangt. Künstlich angelegte Speicherseen, ein Bergpanorama mit der Kaiserkette auf der einen und den Hohen Tauern auf der anderen Seite werden auf den Wegen zu den sanften Erhebungen geboten. Hunger und Durst können in Gaststätten am Berg und auf dem Weg ins Tal gestillt werden. Wer es ganz gemütlich haben will, lässt sich von der Scheffauer Bergbahn auf den Brandstadl befördern und schwebt mit der Hartkaiserbahn nach Ellmau hinab. Zwischen den Talstationen besteht mit dem Kaiserjet ein regelmäßiger Busverkehr.

Die Kaiserkulisse ist der Blickfang am Panoramaweg vom Brandstadl zum Hartkaiser.

Talorte: Ellmau, 804 m; Scheffau, 752 m, Beide Orte liegen an der Buslinie Kufstein – St. Johann i. T.

Ausgangspunkt: Brandstadl, Bergstation der Bergbahn Scheffau, 1650 m.

Höhenunterschied: Gut 200 m.

Anforderungen: Gut ausgebaute, wellige und bestens beschilderte Wanderwege, die reichlichen Gestaltungsspielraum bieten und in der Gipfelzone weitgehend kinderwagentauglich sind.

Einkehr: Bergrestaurant Brandstadl, Tanzbodenalm, Jochstub'n, Bergkaiser, Jst. Hochschwendt, Jägerhütte, Rübezahlalm, Hausleitenstube.

Varianten: 1. Mit der Gondelbahn von Ellmau zum Hartkaiser und die Wanderung in Gegenrichtung durchführen (ca. 300 Hm und etwa ½ Std. länger).

2. Abstieg vom Hartkaiser nach Scheffau (Weg Nr. 1, gut beschildert, »blau«, 2 Std.): Von der »Zauberwelt Hartkaiser« auf einem Sträßchen westwärts zurück zum WP 7 (»Hartkaiser Panorama«). Rechts auf gut ausgebauten und beschilderten Fahrwegen zur Schmiedalm hinab, dann links über die Jst. Hochschwendt und zuletzt über den Jakobsweg zur Talstation der Bergbahn Scheffau zurück.

Wasserspiele für Jung und Alt in »Ellmi's Zauberwelt« am Hartkaiser.

Vom **Brandstadl (1)** geht es auf einem Fahrweg oder links davon am Wanderweg über die **Tanzbodenalm (2)** zu einer Verzweigung hinab, dann rechts um eine kleine Graskuppe herum zu zwei nahe beieinanderliegenden Wegteilungen. An der zweiten (unteren) drehen wir rechts ab und wandern über die schütter bewaldete Nordflanke des **Eiberg (3)** auf dessen Westschulter, von der wir in wenigen Minuten links auf das aussichtsreiche Gipfelplateau gelangen. Nach diesem Abstecher geht's zur Westschulter zurück und auf beschilderter Route zur **Eiberg-Aussicht (4)** oder direkt zur **Jochstub'n (5)** und zum anliegenden See hinab.
Über die Eiberg-Westschulter kehren wir zu den beiden oben genannten Wegteilungen zurück, wandern von der oberen rechts um die Graskuppe herum zum **Tanzbodensee (6)** und von seinem Südwest- zum Nordostufer. Dann gehen wir links zum Panoramaweg hinab und auf diesem durch schattige Waldstreifen sowie über Almgelände zu einer Wegkreuzung in der Scharte »**Hartkaiser Panorama 1512 m**« **(7)**. Über Spielstationen und durch den Wald steigen wir auf den Gipfel (Buch der Steine, Kapelle) und auf den Aussichtsturm am **Hartkaiser (8)**. Anschließend geht es ostseitig um den Gipfel herum in das Zentrum von »Ellmi's Zauberwelt« hinab (Wasserspiele,

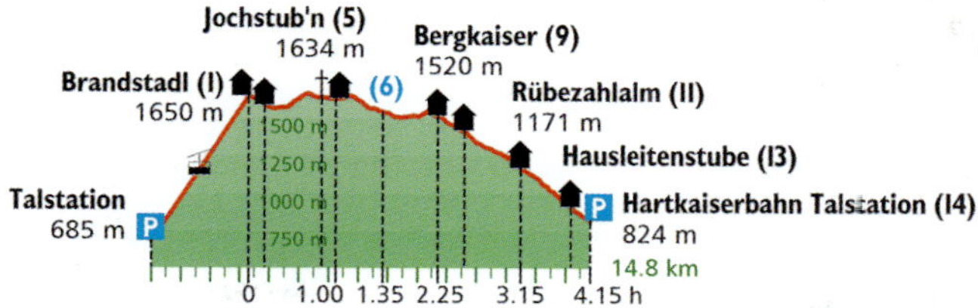

Sagen- und Märchengestalten, Bergblumengarten, Schaukeln, Klettergerüst und vieles andere). Von hier sind es nur noch wenige Minuten zum Panorama-Restaurant **Bergkaiser (9)** und zur Bergstation der Hartkaiserbahn. Wer nicht mit dieser nach Ellmau hinabschweben will, wählt als Abstieg die Variante 2 nach Scheffau (Weg Nr. 1) oder wandert auf der beliebten Route Nr. 3 ostwärts in Richtung Ellmau hinab. Diese führt an einem Speicherteich vorbei zur **Jägerhütte (10)** und von dieser entweder links durch den Wald oder rechts über die sonnige Ledereralm und den Rübezahl-Erlebnisweg Nr. 3a zur **Rübezahlalm (11)**. Vor dem Gasthaus folgen wir einem Sträßchen (Weg Nr. 4) rechts über die Mittelstation der Hartkaiserbahn (Zusteigemöglichkeit von 10 bis 17 Uhr) zu einer Skiabfahrt und steigen dort am Waldrand (Weg Nr. 7) zum Geländepunkt **Ried (12)** ab. Von diesem wandern wir auf einem Waldweg rechts zu einem Forststräßchen und auf diesem links über die **Hausleitenstube (13)** zur Talstation der **Hartkaiserbahn (14)** hinab.

Die Jochstub'n mit dem Speichersee, darüber Brandstadl (li.), Eiberg (re.) und Kaiserkette.

28 Schleierwasserfall, 1157 m, und Ackerlhütte, 1456 m

3.45 Std.

Ein Füllhorn Silberperlen und ein Logenplatz unter hohen Felstürmen

Wenn sich die ungezählten Tropfen des Schleierwasserfalls in der Nachmittagssonne wie Silberperlen aus einem Füllhorn über eine hohe Felswand stürzen und sich über dem dunklen Felsengrund in einem Regenbogen auflösen, wenn man beiderseits des Wasserfalls die Sportkletterer in überhängenden Felswänden aus nächster Nähe beobachten und wenn man an der zu Füßen einer imposanten Felskulisse gelegenen Ackerlhütte die weite Schau über das Gewoge der Kitzbüheler Alpen hinweg auf die leuchtenden Firnspitzen der Hohen Tauern genießen kann, dann nimmt man unvergessliche Bilder in den Alltag mit und freut sich, dass einem auch ohne Gipfelbesteigung ein perfekter Bergtag geschenkt wurde. Und das, obwohl es sich bei der Wanderung zur Ackerlhütte »nur« um eine Variante von Tour 29 handelt.

Die Ackerlhütte, ein Rastplatz am Fuß von Hochgrubach-, Ackerl- und Maukspitze (v. li.).

Talort: Going, 773 m. Busse von Kufstein und St. Johann i. T.
Ausgangspunkt: Parkplatz Hüttling, 816 m. Zufahrt: Vom Stanglwirt bei Going (Bushaltestelle) Richtung »Prama, Badesee«, nach 0,3 km rechts (»Aschauerweg«) und 2 km zum Parkplatz.
Höhenunterschied: 700 m.
Anforderungen: Gut markierte Forststraßen und Wanderwege, in der Umgebung des Schleierwasserfalls etwas mühsam, stellenweise Trittsicherheit erforderlich.
Einkehr: Graspoint-Niederalm (fast gj. bew.), Ackerlhütte (nur mit AV-Schlüssel zugänglich, 15 L., Selbstversorgung, im Sommer wochenends unter Aufsicht). Obere Regalm Ende Mai mit Okt. (bew. Mi., Sa., So.).

Akrobatik, Mut und Kraft – Sportkletterer am überhängenden Fels.

Vom **Parkplatz Hüttling (1)** folgen wir auf einer Forststraße dem **Sinnersbach** bis zur gleichnamigen Brücke und gehen dann rechts noch wenige Minuten bis zu zwei nur 10 m auseinanderliegenden Verzweigungen. Erst an der zweiten drehen wir rechts zum »Schleierwasserfall« ab, wandern auf Weg Nr. 818 über eine Lichtung und anschließend auf einem Waldsteig zu einer Forststraße bei einem **Futterstall** hinauf. Dann folgen wir dem Fahrweg rechts über eine Gabelung hinaus zur Wegteilung in der **Breitau**. Rechts erreichen wir auf einem Waldsteig den **Schleierwasserfall (2)**, der in trockenen Wochen versiegt. Links vom Wasserfall geht es auf Weg Nr. 822 zuerst steil, dann ein längeres Stück ziemlich flach am Sockel der Felswände entlang, ehe ein kurzer Abstieg zum **Stiegenbach (3)** (periodischer Wasserfall) folgt. Jenseits des Gewässers queren wir einen Grashang zu einer Verzweigung und steigen von dort auf Weg Nr. 817 rechts über eine kleine, gut gangbare Felsstufe auf den Weidekessel der Graspoint-Hochalm.

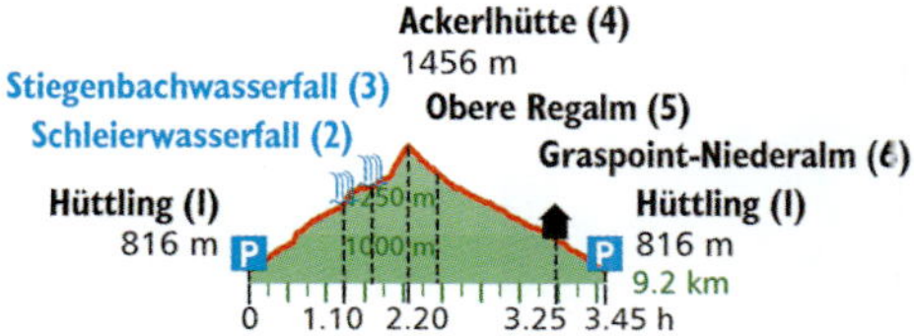

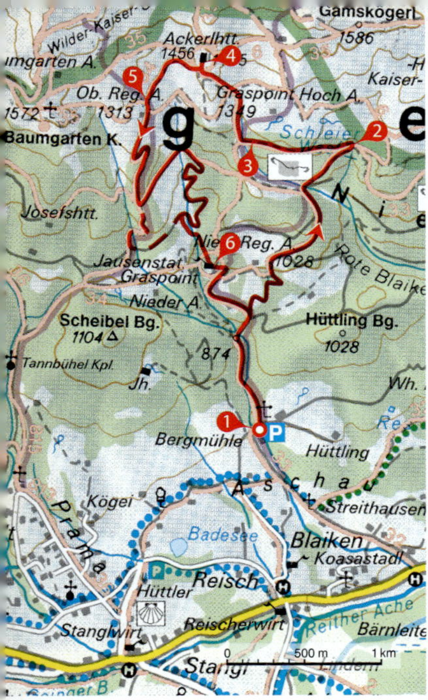

Hinter einer Quelle (Viehtränke) treffen wir auf eine Wegverzweigung. Dort wenden wir uns nach links und erreichen über freie Bergweiden den Rücken mit der **Ackerlhütte (4)**. Am Aufstiegsweg gehen wir nur ganz kurz zurück und wandern gleich unterhalb des Materialaufzugs rechts in den Kessel der **Oberen Regalm (5)** hinab. An dieser nehmen wir eine lange Forststraße auf, die uns in vielen Schleifen talwärts führt und dabei zweimal den Sinnersbachgraben quert. Etwa 20 m nach der zweiten Querung, wo die Straße vorübergehend ansteigt, zweigt links der Steig »Graspoint Nr. 816 a« ab. Hierher von der Regalm kürzer auf dem Regalmweg. Dieser führt über eine Waldrippe in den Rehplaikgraben zum Wegpunkt »Langern 1046« hinab, dann auf der Forststraße links im leichten Gegenanstieg über »Fütterung Forstweg Wagneralm, 1054 m« zur o.g. Abzweigung. Auf gemeinsamer Route gehen wir kurz rechts des Grabens zur kleinen Wagnerwiese hinab, queren dann den Graben nach links und gelangen jenseits desselben durch den Wald zur Kehre einer Forststraße. Ihr rechter Arm bringt uns in einer Minute zur Jausenstation **Graspoint-Niederalm (6)**. Dort können wir den Bergtag ausklingen lassen und dann auf einer Forststraße (Weg Nr. 817) zum **Parkplatz (1)** zurückkehren.

Links: Unterm Stiegenbachwasserfall, darüber die Maukspitze.
Rechts: Rast unter dem Schleierwasserfall, der in Trockenphasen versiegt.

TOP 29

Ackerlspitze, 2329 m, und Maukspitze, 2231 m

8.45 Std

Ein hoher Gipfel und sein Trabant: kühn und anspruchsvoll

Die südseitige Prachtkulisse des Kaisergebirges beherrschen im Osten die hohen Zinnen von Ackerl- und Maukspitze. Erstere ist die höchste Erhebung im Ostkaiser und hält für sich alleine oder auch in Verbindung mit ihrem Trabanten, der Maukspitze, landschaftlich und bergsteigerisch alles, was sie schon beim Anblick aus der Ferne verheißt. Die Ackerlspitze kann man sowohl vom nordseitigen Griesenerkar (vgl. Tour 17, Variante 4) als auch von Süden aus besteigen. Beide Routen sind markiert, aber anspruchsvoll und nur an schwierigen Stellen mit guten Eisengriffen und -bügeln gesichert. Die etwas leichtere Maukspitze ist ab der Wegteilung am Niedersessel gänzlich frei von künstlichen Sicherungen; das Gleiche gilt für den interessanten Übergang von Gipfel zu Gipfel, durch den sich beide Ziele in eine Rundtour einbinden lassen. So nimmt man die Maukspitze trotz eines Gegenanstieges gewissermaßen als Dreingabe beim Abstieg von der Ackerlspitze meist noch mit; sie ist jedoch auch für sich alleine eine Tour wert.

Auf der Ackerlspitze: Die vielzackige Kaiserkette nach Westen.

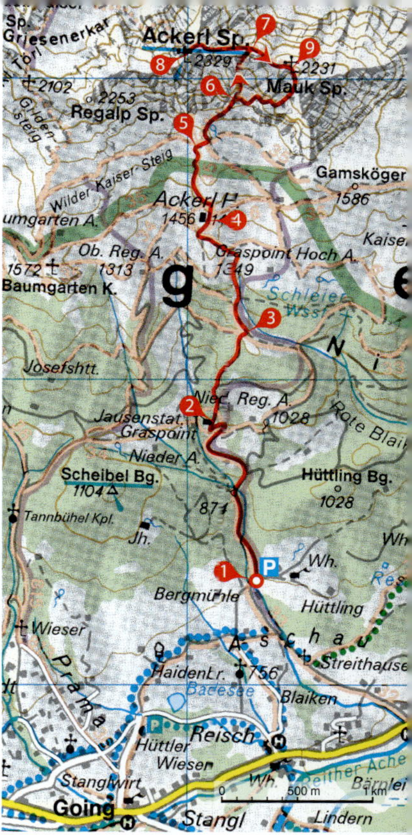

Talort: Going, 773 m.
Ausgangspunkt: Parkplatz Hüttling, 816 m (Zufahrt wie Tour 28).
Höhenunterschied: 1680 m; nur Ackerlspitze 1530 m, nur Maukspitze 1430 m.
Anforderungen: Technisch und konditionell sehr anspruchsvolle Tour, auf der alpine Erfahrung, Trittsicherheit und Schwindelfreiheit zwingend erforderlich sind (senkrechte, ausgesetzte Felsstufen und weitläufige, steile Schrofenflanken). Steinschlaggefahr vor allem an der Ackerlspitze (Helm!). Im Frühsommer können Altschneefelder mit Randspalten den Zugang erschweren. Wegen des sonnenexponierten Südanstiegs zur Ackerlspitze eignet sich die Tour besser für den Spätsommer und den Herbst. Der Normalweg zur Maukspitze (große Rampe) ist der Sonne weniger ausgesetzt und etwas leichter als der zur Ackerlspitze. Der Übergang von der Ackerl- zur Maukspitze ist einen Tick schwieriger als der Anstieg zur Maukspitze. Alle Routen sind gut markiert.
Einkehr: Graspoint-Niederalm (fast gj. bew.), Ackerlhütte (nur mit AV-Schlüssel zugänglich, 15 L., Selbstversorgung, im Sommer wochenends unter Aufsicht).
Variante: Vom Niedersessel in 1¼ Std. auf die Maukspitze: Den Schuttkessel ostwärts zu einer markanten Rampe queren, über die der anschließende Aufstieg erfolgt. Zunächst kurz über brüchiges Gelände, dann rechts über eine Rippe hinweg zu einer Felsrinne, die nach rechts zu queren ist. Unmittelbar danach geht es um ein Felseneck herum, dann nahezu 150 Hm im Zickzack über markiertes, felsdurchsetztes Grasgelände, das mit zunehmender Höhe vorübergehend leichter wird. Oberhalb einer etwa 10 m hohen Felsstufe geht es noch etwa 80 Hm auf eine Schulter, von der uns die grasige »Flachschneid« an den felsigen Gipfelaufbau heranführt. Dort umgehen wir einige Felsköpfe links und steigen dann in einer seichten Rinne auf die Maukspitze. Abstieg wie Aufstieg.

Vom **Parkplatz Hüttling (1)** auf einem breiten und gut markierten Sträßchen durch den Sinnersbachgraben zur Jausenstation **Graspoint-Niederalm (2)**. Unmittelbar davor rechts abzweigen und auf dem AV-Weg 817 über Stiegenwald zur Ackerlhütte. Der Steig folgt oberhalb der Jausenstation erneut kurz der Forststraße, zweigt dann links ab und führt über den Umkehrplatz Buchwald

An der Schlüsselstelle zum Hochsessel.

und eine ausgeprägte Waldrippe zur Wegkreuzung in der **Breitau (3)**. Hier geht es links auf einer flachen Grasschneid entlang und nach einem kurzen Hang und einer gut gangbaren, felsigen Wegpassage zum Zulauf des bescheidenen Stiegenbachwasserfalls. Hier treten wir in den flachen Weidekessel der Graspoint-Hochalm und erreichen hinter einer Quelle eine Wegverzweigung. Dort halten wir uns links und steigen über freie Bergweiden auf den Rücken mit der **neuen Ackerlhütte (4)**. Dem dahinterliegenden Latschenrücken folgen wir zuerst auf der Ost- und bald darauf auf der Westseite zum Wilden-Kaiser-Steig, der uns rechter Hand in wenigen Minuten zu den Grundmauern der **alten Ackerlhütte (5)** hinaufführt.

Dahinter geht es zuerst mit geringem Höhenverlust in den Schuttkessel des östlichen Hochgrubachkars, dann an den Sockel riesiger Felsfluchten heran. Mit Hilfe von Metallgriffen überwinden wir die erste Steilstufe und folgen dann kurz einer Rippe und einem Band, das in eine steile, gesicherte Felsrinne leitet. Darüber führt uns ein längeres Band rechts zur Wegteilung im schuttreichen **Niedersessel (6)**: rechts »Maukspitze 817« (Variante), links **»Ackerlspitze 816«**.

Vom Niedersessel zur Ackerlspitze geht es meist auch im Sommer über ein z. T. steiles Altschneefeld zu einer senkrechten, kompakten, mit Eisengriffen gesicherten Felsstufe (Schlüsselstelle), darüber schräg rechts durch eine Fels- und anschließend Schuttrinne zum **Hochsessel**. Über Schrofengelände zu einer Wegteilung auf der **Scharte (7)** zwischen Mauk- und Ackerlspitze, von der aus man auf beide Gipfel nahezu gleiche Zeit benötigt. Links geht es in weiten Schleifen über eine ausladende, sonnige Schrofenflanke auf die **Ackerlschneid**, dann links am Grat entlang bzw. schattseitig in der Nordflanke nahezu höhengleich über zwei Schärtchen an den steilen Gipfelaufbau der **Ackerlspitze (8)** heran, den wir zuerst über eine nordost-, dann über eine südostseitige Felsrinne erklettern.

Von der Ackerlspitze steigt man auf gleichem Weg ins Tal ab oder wählt die längere Route über die Maukspitze. Dazu geht es zunächst zurück zur Wegteilung an der **Scharte (7)** über dem Hochsessel, dann unterhalb der Gratschneid und in der Flanke eines großen Gratkopfes im Auf und Ab über zwei kleine Rip-

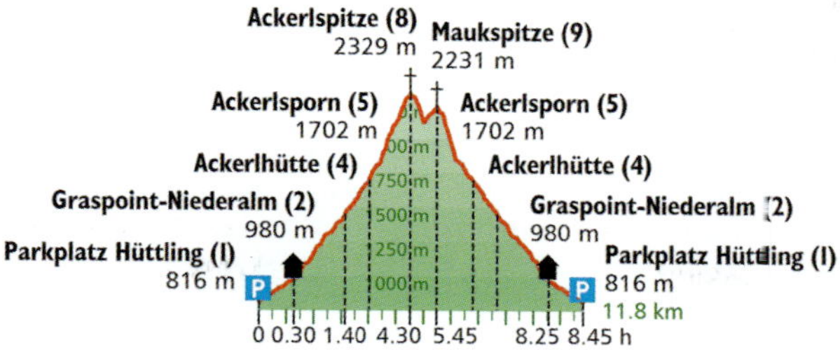

pen hinweg in die dahinterliegende Scharte. Von dieser am Grat entlang zu einem originellen Felsenfenster und dahinter rechts vom Grat in einer z. T. grasigen, seichten Steilrinne auf die **Maukspitze (9)** (Weg 817). Vom Kreuz nur wenige Meter am Grat weiter, dann rechts durch eine kurze Felsrinne hinab, bis man links gut zur grasigen Flachschneid hinüberqueren kann. Beim weiteren Abstieg über die große Rampe zur Wegteilung am **Niedersessel (6)** sind die Markierungen sehr hilfreich; man sollte sich eng daran halten. Vom Niedersessel folgt der **Abstieg** ins Tal der Aufstiegsroute.

Die Maukspitze von der Ackerlspitze aus gesehen. Die Route führt von der Scharte links unten zuerst in der Schrofenflanke, dann am Grat entlang auf den Gipfel

ngartenköpfl, 1572 m

3.45 Std.

ner der »schönsten Rast- und Schauplätze im Wilden Kaiser«

Fritz Schmitt, der große Kaiser-Kenner, reihte das Baumgartenköpfl, auf dem sich ein schlichtes Bergsteigergrab befindet, unter die schönsten Rast- und Schauplätze im Wilden Kaiser ein. Von hier schaut man auf die Dörfer im Süden, auf die Wald- und Graskuppen der Kitzbüheler Berge mit dem Kitzbüheler Horn und dem Großen Rettenstein, hinter denen die schneebedeckten Hohen Tauern mit Großglockner und Großvenediger sowie die östlichen Zillertaler Alpen den Horizont begrenzen. Im Rücken des Rastenden baut sich vom Treffauer im Westen bis zur Maukspitze im Osten eine wahrhaft kaiserliche Kulisse auf; deutlich davon abgesetzt die Loferer und Leoganger Steinberge. Als Wanderroute werden bei unserer Tour Steige abseits der überlaufenen Wochenbrunneralm und Gaudeamushütte vorgeschlagen.

Talort: Going, 773 m. Busse von Kufstein und St. Johann i. T.

Ausgangspunkt: Waldparkplatz Prama, 873 m. Zufahrt: Vom Stanglwirt bei Going (Bushaltestelle) 300 m Richtung »Prama, Badesee«, dann nach links und 1,2 km bis zum Parkplatz Prama.

Höhenunterschied: 720 m.

Anforderungen: Gut markierte Forstwege und Steige, unterm Baumgartenköpfl bei Nässe recht glatt.

Einkehr: Auf der Regalm und der Ackerlhütte im Sommer zeitweise Getränkeausschank, Stanglwirt am Anfahrtsweg.

Variante: Vom Baumgartenköpfl auf dem Gildensteig Nr. 815 durch Latschengassen über die Wildererkanzel in 25 Minuten zum Hochfeld (1674 m, Wegteilung). Dort rechts ab und auf dem Schaflsteig (WKS, 823) in 40 Min. quer über steile, z. T. gesicherte Schrofenhänge zu einer Wegteilung. Dort rechts, in 20 Min. zur Ackerlhütte hinab und unterhalb des Materialaufzugs rechts in ¼ Std. zur Regalm (etwas schwieriger als die Hauptroute).

Am Baumgartenköpfl, darüber (von links) Kleines Törl, Regalpwand und Regalpspitze.

Vom **Waldparkplatz (1)** wandern wir auf der Regalmstraße über die **Tannbichlkapelle (2)** (in der Karte: Tannbühelkapelle) zu einer Straßengabelung, halten uns dort links und folgen kurz darauf dem Weg Nr. 815 (Ww. »Gaudeamushütte«) rechts zur Kehre einer Forststraße. In deren Innenkurve bzw. 40 m rechts davon führt der **Gildensteig** zum Baumgartenköpfl über einen Waldrücken weiter, kreuzt dabei den »Mittleren Höhenweg« und erreicht über das Seufzer- das **Malereck (3)**. Dahinter läuft der Steig flach in eine markante Bucht, passiert dabei einen Brunnen und dreht deutlich vor der sichtbaren Baumgartenalm nach rechts ab. Dann mündet der Pfad in die von der Gau-

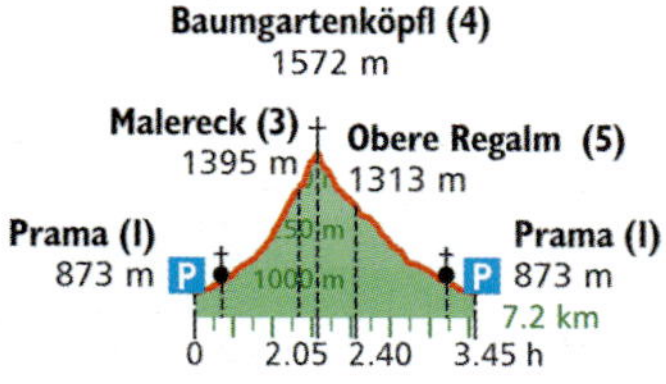

Ausblick vom Baumgartenköpfl auf die Loferer (li.) und die Leoganger Steinberge (re.).

deamushütte heraufführende Route, zieht unter dem **Freiberghaus** vorbei und anschließend in einer Staudenmulde auf einen Grassattel mit Wegkreuzung. Links führt die Variante über die Wildererkanzel zur Ackerlhütte weiter, rechts erreichen wir in wenigen Minuten das **Baumgartenköpfl (4)**. Nach einer Rast geht es ostwärts über den Sattel hinweg, durch eine Mulde und über einen Rücken zur **Oberen Regalm (5)** hinab. Von dieser wandern wir auf einer Straße, dann auf einem markierten Steig (Regalmweg) über einen bewaldeten Rücken in den Rehplaikgraben hinab, queren darunter eine Forststraße und kehren auf einem Waldweg und einem Sträßchen über die **Tannbichlkapelle (2)** zurück zum Parkplatz **Prama (1)**.

Regalpwand, 2227 m

Eine hohe Scharte und eine bestechende Aussichtskanzel

Das Kleine Törl ist die markanteste Scharte im Sägeblatt des Ostkaiser und der meistgewählte Übergang von der Kaiser-Südseite ins nördliche Griesenerkar und umgekehrt. Ein kleines Stück östlich der hohen Scharte reckt sich ein imposantes Gipfelpaar in den Himmel: Regalpwand und Regalpspitze (siehe Bild S. 103). Die Regalpwand, die sich als bestechende Aussichtsloge einen Namen gemacht hat, kann über den zum Kleinen Törl führenden Gildensteig und zuletzt etwas abseits davon auf markierter Route erstiegen werden. Da der Gildensteig mit dem Baumgartenköpfl (vgl. Tour 30), der Wildererkanzel, dem Hochfeld und der »Schulter« aussichtsreiche Zwischenstationen anbietet, kann sich jeder entsprechend dem persönlichen Leistungsvermögen sein Ziel aussuchen.

Talort: Ellmau, 804 m, Bus von Kufstein.
Ausgangspunkt: Wochenbrunneralm, 1085 m, Großparkplatz. Zufahrt von Ellmau auf beschilderter Mautstraße.
Höhenunterschied: 1170 m.
Anforderungen: Nach leichtem Beginn (»blau«) steigert sich der Schwierigkeitsgrad zum Hochfeld hin zu »rot«, darüber bis hin zu »schwarz«. Unter dem Kleinen Törl und der Regalpwand trifft man sogar auf kurze Kletterstellen (Schwierigkeitsgrad I und knapp darüber), die reichlich alpine Erfahrung, viel Trittsicherheit und Schwindelfreiheit voraussetzen. Auf dem Weg zur Regalpwand besteht im ersten Abschnitt Steinschlaggefahr durch Vorausgehende!
Einkehr: Wochenbrunneralm, Gaudeamushütte (AV, bew. Mitte Mai bis Mitte Okt., 30 B., 36 L.).
Variante: Kleines Törl, 2102 m (15 Min. von der »Schulter«, »schwarz«). Von der »Schulter« etwa 20 Hm absteigen und unter der Törlwand hindurchqueren, dann über Schrofen und kleine Bänder auf eine Rippe und rechts zum Kleinen Törl.

Am Gildensteig unterm Kleinen Törl (oben Mitte). Links der Kreuztörlturm.

Von der **Wochenbrunneralm (1)** auf einem breiten, viel begangenen Wirtschaftsweg zur **Gaudeamus-hütte (2)**. Links davon am Waldrand entlang bis vor einen Graben, dann scharf rechts durch eine Staudenzone auf eine Schulter, von der man zu einem Graben quert und anschließend über eine Strauchmulde zu einer Wegteilung nahe dem **Freiberghaus** ansteigt. Nun entweder rechts über das **Baumgartenköpfl (3)** (Bergsteigergrab und großartiger Aussichtspunkt, vgl. Tour 30) oder links auf kürzestem Weg zum Wilden-Kaiser-Steig und auf diesem rechts über einen Latschenrücken zur originellen **Wildererkanzel (4)**, von der sich ein bestechender Ausblick auf den Ellmauer Kaiser bietet. Wir folgen dem Latschenrücken bis zu seinem Ende bei der Wegteilung am **Hochfeld**. Hier gehen wir auf dem **Gildensteig** Nr. 815 geradeaus über eine Grasrippe weiter, passieren den **Herrenstein (5)** und weichen ein gutes Stück darüber bei zunehmender Schwierigkeit einem Felssockel rechts aus. Dann geht es zur Anstiegsrippe zurück und über steile Schrofen und Felsbänder zu der in einer kesselartigen Mulde liegenden **»Schulter« (6)**, von der sich eine rassige Aussicht auf das **Kleine Törl**, den kühnen Törlturm und die Törlwand mit Daumen bietet. Der weitere Anstieg zum Kleinen Törl (Variante) ist anspruchsvoll, aber eindeutig vorgegeben und leichter als der zur **Regalpwand**.

Beim Abstieg von der Regalpwand. Die Route verläuft teilweise in einer Felsrinne.

Ausblick von der Regalpwand auf Treffauer und Ellmauer Halt (ganz rechts).

Zu dieser geht es von der Schulter nur noch etwa 30 m in Richtung Kleines Törl, dann zweigen wir rechts ab. Etwa 10 Hm über Schrofen, anschließend links in einer Rinne – zuerst seitlich derselben, dann etwa 20 Hm direkt in der Rinne; danach rechts auf eine Rippe und geradeaus weiter (nicht nach links!). Hinter einem Eck etwa 20 Hm einer Felsrinne folgen, dann rechts aussteigen (Schwierigkeitsstufe I – II) und über eine felsige Rampe und eine Schuttrinne in ein Schartl. An festen Griffen rechts über ein plattiges Wandl (Schlüsselstelle) und zuletzt über brüchigen Fels unschwierig zum **Gipfel (7)**. **Abstieg** wie Aufstieg.

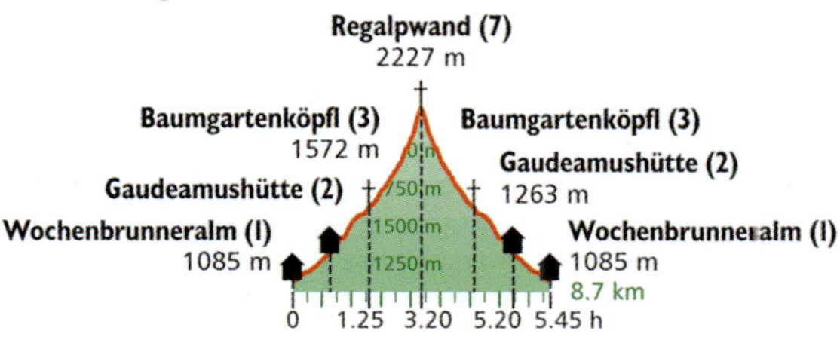

…uer Tor und …re Goinger Halt, 2192 m

5.45 Std.

…ten« Kaisergipfel

Die Hintere Goinger Halt gilt als einer der am leichtesten besteigbaren Gipfe… im Wilden Kaiser. Von der Südseite aus, wo die weite, unübersehbare Ö… nung des Ellmauer Tor dem Wanderer den bequemsten Zugang weist (vg… Tour 18), ist der Anstieg tatsächlich gut zu bewältigen. Entsprechend groß i… die Zahl der Gipfelaspiranten, die sich zu diesem Ziel aufmachen.

Links: Der Gipfel der Hinteren Goinger Halt.

Talort: Ellmau, 804 m.
Ausgangspunkt: Wochenbrunneralm, 1085 m, Großparkplatz (Zufahrt wie T. 31).
Höhenunterschied: Ellmauer Tor 920 m, Hintere Goinger Halt gut 1100 m.
Anforderungen: Breiter, bequemer Wanderweg zur Gaudeamushütte, viel begangener Alpinsteig zum Ellmauer Tor. Zur Hinteren Goinger Halt etwas schwieriger, z. T. gesichert, Trittsicherheit erforderlich, viel Geröll. Nicht bei Vereisung! Zeitiger Aufbruch empfehlenswert, da südseitig. Für ausdauernde, geübte Kinder geeignet.
Einkehr: Wochenbrunneralm, Gaudeamushütte (AV, bew. Mitte Mai bis Mitte Okt., 30 B., 36 L.).

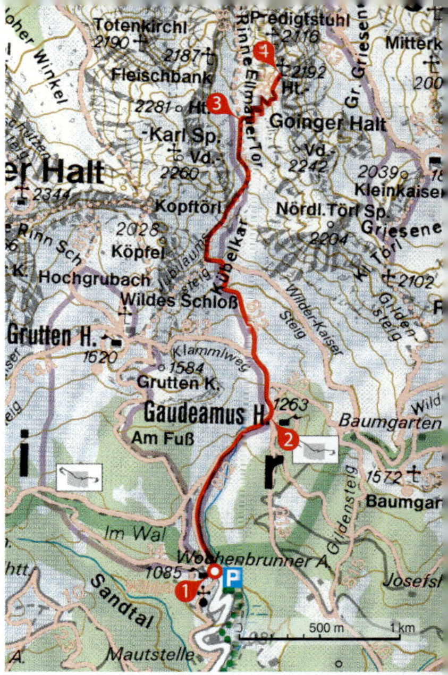

Von der **Wochenbrunneralm (1)** wandern wir auf breitem, bequemem Wanderweg nordwärts zu den Matten um die **Gaudeamushütte (2)**. Davor geht es links über Wiesen und durch Buschwerk, dann durch ein weites Latschenfeld auf den ersten Absatz der breiten, vom Ellmauer Tor herabziehenden Mulde des Kübelkars und zur Einmündung des Jubiläumssteiges. Auf der linken Seite des Kars erreichen wir den Fuß des Südostgrates der Vorderen Karlspitze, dann über eine drahtseilgesicherte Stufe und ausgedehnte Schuttströme in zwei Absätzen das **Ellmauer Tor (3)**. Nun steigen wir rechts über Schutt, dann durch eine Rinne (Kette), schließlich in Serpentinen über einen Schrofenhang zum grasigen Verbindungsgrat und links über kleine, felsige Stufen zur **Hinteren Goinger Halt (4)**, von der aus man einen höchst informativen Einblick ins Griesenerkar und seine Bergumrahmung gewinnt. Der **Abstieg** hält sich an die Aufstiegsroute.

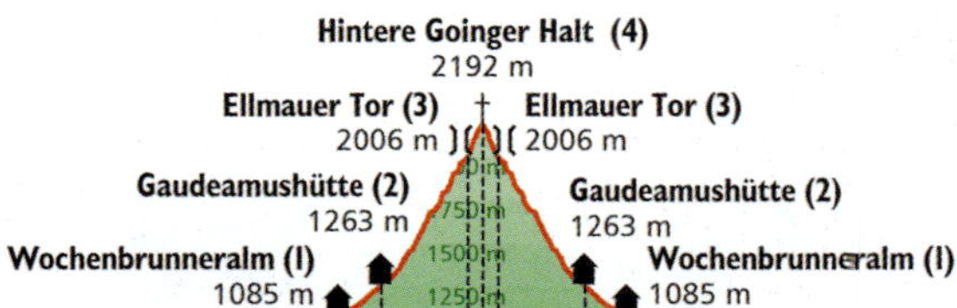

TOP **33** *Klamml und Jubiläumssteig*

3.30 St

Den Einstieg in leichte Klettersteige wagen

Die Rundtour übers Klamml zur Gruttenhütte und über den Jubiläumsste und das Kübelkar zur Gaudeamushütte gewährt in relativ kurzer Zeit und a überschaubarem Gebiet einen ausgezeichneten Einblick in das charakteris sche Landschaftsbild des Wilden Kaiser. Es handelt sich bei unserer Unte nehmung um eine in jeder Hinsicht typische Kaiser-Wanderung. An der m einigen leichten Klettersteigpassagen gewürzten Strecke stehen nach inte essanten Wegabschnitten aussichtsreiche Hütten zur Einkehr offen, sodas man sich nicht mit einem Brotzeitbeutel belasten muss. Für Trittsichere un Schwindelfreie eine kurze, spannende Tour im Kaiser!

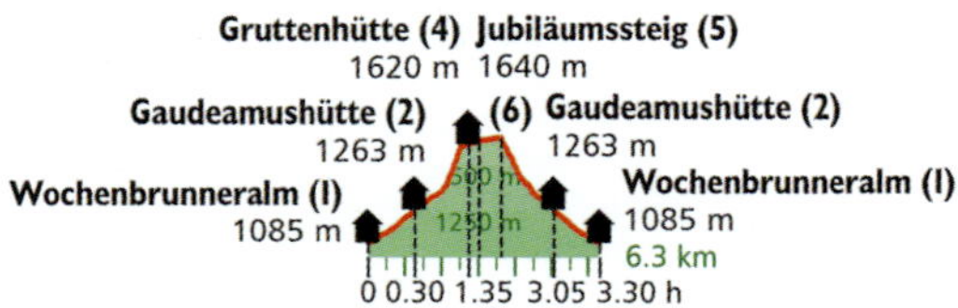

Am Jubiläumssteig sind luftige, aber gut gesicherte Quergänge zu bewältigen.

Der Jubiläumssteig bietet neben begeisternden Nah- auch großartige Fernblicke auf die Firnkette der Hohen Tauern. Im Bild hinten li. der Großvenediger über den Kitzbüheler Alpen.

Talort: Ellmau, 804 m.
Ausgangspunkt: Wochenbrunneralm, 1085 m, Großparkplatz (Zufahrt wie T. 31).
Höhenunterschied: 630 m.
Anforderungen: Im Klamml und vor allem auf dem Jubiläumssteig kann man sich mit künstlich gesichertem, alpinem Gelände (leichten Klettersteigen) vertraut machen. Trittsicherheit und Schwindelfreiheit sind erforderlich (»schwarz« untere Grenze), an den Sicherungsseilen ist auf mögliche Fleischhaken zu achten. Auf der Tour sind unter Führung und Sicherung durch erfahrene Alpinisten auch Kinder zu beobachten.
Einkehr: Wochenbrunneralm, Gaudeamushütte (AV, bew. Mitte Mai bis Mitte Okt., 30 B., 36 L.), Gruttenhütte (AV, bew. Juni bis Mitte Okt., 48 B., 105 L., Tel. +43 5358 2242).
Variante: Vom Kübelkar über das Baumgartenköpfl zur Gaudeamushütte (1 Std. länger, »rot«). Die Route Nr. 823 (WKS) quert vom Kübelkar ostwärts einen großen Schutthang, anschließend Latschen- und Schrofenhänge, die von vier Rinnen durchzogen sind. Hinter einem wilden Graben führt der Steig an einem Felswandl entlang (Drahtseil), steigt quer über Grashänge und Latschengassen zum Freiberghaus hinauf und dreht am Sattel vor dem Baumgartenköpfl (vgl. Tour 30) rechts zur Gaudeamushütte ab. Der Abstieg von dort ist nicht schwierig, aber bei nassem Untergrund abschnittsweise unangenehm glatt.

Abschnittsweise trifft man am Jubiläumssteig auch auf Gehgelände.

Von der **Wochenbrunneralm (1)** wandern wir auf einem Schottersträßchen zur **Gaudeamushütte (2)** hinauf. Ganz kurz davor gehen wir links in Richtung Ellmauer Tor und treffen schon bald nach Eintritt in einen Buchengürtel auf eine beschilderte Wegteilung, an der unsere Rundtour beginnt. Wir wählen den linken Weg übers Klamml zur Gruttenhütte (813) und kehren über den rechten Weg vom Ellmauer Tor (812) zurück. Der Pfad zum Klamml durchquert den Staudengürtel und folgt kleinen Rinnen bis zu einem größeren Graben, der zu queren ist. Unmittelbar danach können wir mit Hilfe einer Leiter und einiger Steigbügel, einer kurzen Eisentreppe und einer Sicherungskette eine gut 10 m hohe Felsstufe überwinden. Anschließend geht es in Schleifen und über eine Holztreppe zum **Klamml (3)** hinauf und mit Hilfe einiger Eisengriffe durch die gut gestufte Felsrinne auf ein Schartl. Dahinter zieht der Steig links über einen Grashang auf ein Plateau und zur aussichtsreichen **Gruttenhütte (4)**. Unmittelbar vor derselben geht es scharf rechts und nur leicht steigend ostwärts um einen Grasrücken herum zum **Jubiläumssteig (5)**. Dort helfen uns Eisenklammern und Drahtseile in eine Schlucht hinab, aus der wir zuerst über Fels, dann über eine Leiter und zwei massive Eisentreppen auf eine Scharte steigen. Es folgt ein langer, nur ganz leicht steigender, an luftigen Stellen mit Drahtseilen, Trittbügeln und einer Minibrücke gesicherter Quergang. Hoch über dem Abgrund führt er um Ausbuchtungen herum, durch ein Felsentor und sowohl auf splittrigen als auch kompakten Wegpassagen an wilden Felsflanken entlang ins **Kübelkar (6)**. Von dort windet sich ein Schottersteig auf einen Absatz und auf der rechten Karseite über Schutt, durch Latschen und Buchengehölz zur oben genannten Wegteilung hinab. Von dort kehren wir über die **Gaudeamushütte (2)** zur **Wochenbrunneralm (1)** zurück.

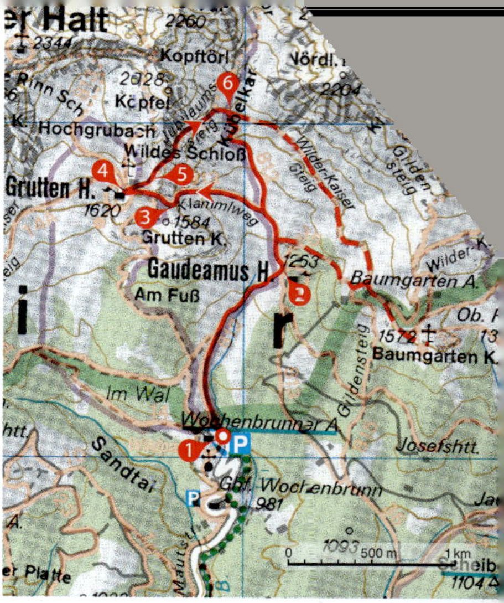

Scharte oberhalb der Eisentreppen.

…enhütte, 1620 m, und …hütte, 1228 m

3.15 Std.

…anderung auf der Sonnenseite des Wilden Kaiser

Wochenbrunneralm, Gruttenhütte und Riedlhütte liegen auf der Sonnenseite des Wilden Kaiser. Die Erstgenannte ist der Ausgangspunkt unserer genussvollen Rundtour. Die Zweite schaut von einem sagenhaften Logenplatz am Fuß der Kaiserwände weit ins Land hinaus und gilt daher als aussichtsreichste Hütte im Wilden Kaiser. Die Dritte hingegen versteckt sich in einer schattigen Grasmulde und Waldlichtung, wird aber dennoch von verschiedenen Talorten aus gerne besucht.

Talort: Ellmau, 804 m.
Ausgangspunkt: Wochenbrunneralm, 1085 m, Großparkplatz (Zufahrt wie T. 31).
Höhenunterschied: 620 m.
Anforderungen: Gut ausgebaute, überwiegend leichte Wanderwege. Im Anstieg zur Gruttenhütte sind zwei ganz kurze Passagen mit »rot« einzustufen.
Einkehr: Wochenbrunneralm, Gruttenhütte (AV, bew. Juni bis Mitte Okt., 48 B., 10[illegible], Tel. +43 5358 2242), Riedlhütte (bew. [illegible]ai bis Mitte Okt., 10 B., Tel. +43 5358 204[illegible]

Vom Parkplatz bei der **Wochenbrunneralm (1)** laufen zwei gut ausgebaute und markierte Wanderwege nordwärts und parallel auf das Kaisergebirge zu: der rechte in Richtung Gaudeamushütte und Ellmauer Tor, der linke zur Gruttenhütte und zur Ellmauer Halt. Wir nehmen Letzteren und durchqueren im unteren Abschnitt eine ausgedehnte Mischwaldzone. Oberhalb steigen wir über ein Schuttfeld und anschließend durch eine felsdurchsetzte Latschenzone auf eine freie Geländeterrasse, auf der zur Linken die **Gruttenhütte (2)** steht. Hier gerät bei einer Rast jede(r) ins Staunen, denn im Westen und Norden des Areals türmt sich senkrechter Kaiserfels in den Himmel und hinter den bescheidenen Wald- und Graskuppen der Kitzbüheler Alpen im Süden säumt das Sägeblatt der vergletscherten Hohen Tauern mit Großglockner und Großvenediger den Horizont. Ein wahrlich majestätisches Bild! Hinter der Hütte folgen wir der Hüttenzufahrt talwärts; sie zerschneidet weithin sichtbar eine freie Bergflanke. Rechts klinkt sich zuerst die Route aufs Tuxeck, dann der Wilde-Kaiser-Steig aus, ehe der Fahrweg in den Wald taucht und nach einigen Schleifen ein Materialdepot und kurz danach eine **Wegteilung** erreicht. Hier zweigt links der Weg Nr. [illegible]4 zur

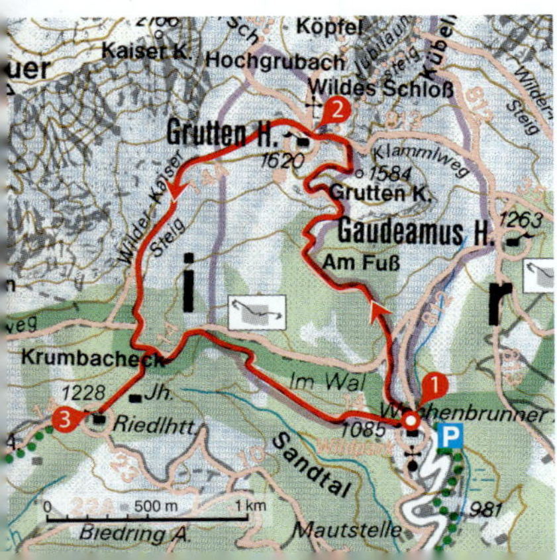

Die Gruttenhütte auf einem Logenplatz unter dem Kaiserkopf. Rechts die Ellmauer Halt.

Wochenbrunneralm ab, während das Sträßchen rechts auf eine große Lichtung hinabläuft und in fünf Minuten die **Riedlhütte (3)** erreicht. Nach einem Abstecher dorthin – oder wahlweise auch ohne – wandern wir von der Wegteilung durch den Wald und über Lichtungen hinab und nach einer Flachpassage leicht steigend zur **Wochenbrunneralm (1)** hinaus.

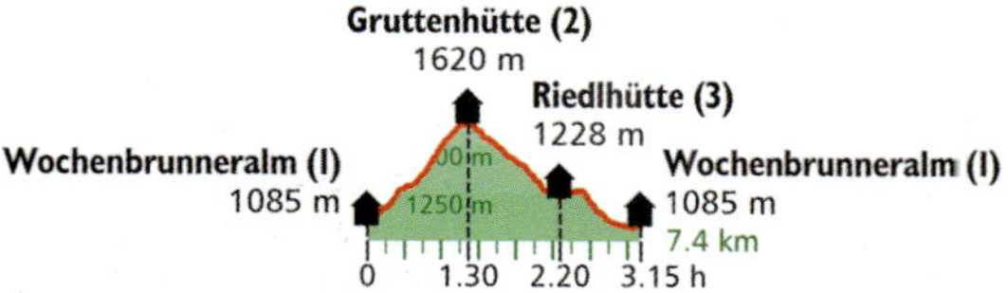

TOP

35 Ellmauer Halt, 2344 m

7.15 Std

Anspruchsvoller Klettersteig zum höchsten Kaisergipfel

Die Ellmauer Halt, der höchste Kaisergipfel, zählt zu den begehrtesten und a häufigsten besuchten Gipfeln im Wilden Kaiser. Er wartet mit einem phänome-nalen Rundblick auf, der die Felswildnis des zerklüfteten Kaiserstockes, de fernen Alpenhauptkamm von den Tauern bis hin zu den Stubaier Alpen, d Gebirgsgruppen zwischen Watzmann und Zugspitze sowie das zu Füßen lie-gende Sölland und das Inntal erfasst. Der »Gamsängersteig«, ein mit Drahtse-len und Eisenbügeln gesicherter Klettersteig, ist noch der »leichteste« Zugan zum Gipfel; und selbst hier ist Bergerfahrung unerlässliche Voraussetzung!

Talort: Ellmau, 804 m.
Ausgangspunkt: Wochenbrunneralm, 1085 m, Großparkplatz (Zufahrt wie T. 31).
Höhenunterschied: 1260 m.
Anforderungen: Trittsicherheit, Schwindelfreiheit, alpine Erfahrung, guter Orientierungssinn und stabile, trockene Verhältnisse sind unerlässlich! Glatt geschliffener Fels und Steinschlaggefahr (Steinschlaghelm!) erhöhen das Risiko. F weniger Geübte sind Bergführer und v herige Nächtigung auf der Gruttenhüt empfehlenswert.
Einkehr: Wochenbrunneralm, Grutte hütte (AV, bew. Juni bis Mitte Okt., 48 E 105 L., Tel. +43 5358 2242), Notunte stand in der Babenstuberhütte ca. 40 H unterm Gipfel (nicht blitzschlagsicher!).

Von der **Gruttenhütte (2)**, die w von der **Wochenbrunneralm (1)** auf der Route von Tour 34 erreicher geht es ein kleines Stück gerad empor, dann in einer weiten Schleif links (nordwestlich) ausholend i den großen Karkessel **»Hochgrubach« (3)**, in den die Ellmauer Ha mit ihrer 500 m hohen Südwand und dem nach Osten ziehenden Kopftörlgrat abbricht. Durch den flachen Karboden, dann mit zunehmender Steigung – hier liegt in manchen Jahren lange Altschnee! – a steile Grasbänder heran. In mehreren Stufen (z. T. mit Drahtseil gesichert) links hinauf (»Gamsänger«) an einer gelben, mit großen Trittbügeln präparierten Wand (Bild links S. 117) entlang und über gut gestuf

Drahtseile und Eisenbügel helfen an einer Felswand entlang (links) sowie über eine luftige Kante und einen Felsspalt beim Aufstieg zur Ellmauer Halt (rechts).

e Felsrinnen zu einem Felsturm, dann sich leicht rechts haltend zu einer Wegteilung. Die linke Route führt durch einen tiefen Kamin und über eine Eisenleiter, die rechte, mit Hilfe von Eisenbügeln und Drahtseilen entlang eines Felsspaltes und über eine luftige Kante (Bild rechts) auf eine Geröllrampe. Von ihrem Ostende in deutlichem Bogen zuerst links (westlich) ausholend, dann rechts zur **Babenstuberhütte (4)** (stets geöffneter Notunterstand) und in gleicher Richtung an kompakten Felsplatten entlang zum bereits sichtbaren Gipfelkreuz der **Ellmauer Halt (5)**. Der Abstieg zur **Gruttenhütte (2)** und weiter zum **Ausgangspunkt (1)** hält sich ganz an die Anstiegsroute.

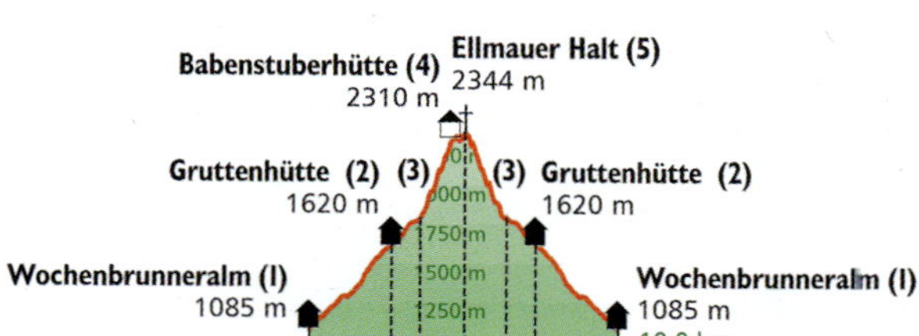

36 Biedringer Platte, 1226 m

3.30 Std.

Ein freies Almplateau als Schemel zu Kaisers Füßen

Recht unscheinbar und von einem ausladenden Waldmantel abgeschirmt liegt die Biedringeralm zu Füßen des Wilden Kaiser. Schattige Forststraßen winden sich von den reizvollen Biedringer Bauernhöfen in weiten Schleifen bergwärts und bescheren vor allem dem gemütlichen Wanderer sein Bergerlebnis unter himmelhohen Kaiserfelsen und hoch über dem Ellmauer Sattel im Süden des Gebirgszugs. Nahe dem aussichtsreichen Plateau bietet sich an der Riedlhütte ein schattiger Rastplatz und am Abstiegsweg freut sich das Gasthaus Riesen bzw. die Haflinger Tränke (Variante) auf Gäste.

Die Riedlhütte, idyllisch am Waldrand gelegen, ist beliebtes Wanderziel im Kaiser.

Talort: Ellmau, 804 m. Bus von Kufstein.
Ausgangspunkt: Parkplatz »P 2« am Kaiserbad Ellmau, 770 m. Zufahrt bzw. Zugang von Ellmau.
Höhenunterschied: 500 m.
Anforderungen: Bequeme Forstwege.
Einkehr: Riedlhütte (bew. Mai – Okt.), Ghs. Riesen. Haflinger Tränke (Variante).
Variante: Von der Riedlhütte auf einer Forststraße (Nr. 14) in 50 Min. zur Haflinger Tränke und auf der Straße noch ca. 10 Min. talwärts. Links über den Koglerhof (Nr. 2) durch den Wald und über einen Graben ca. 50 Hm zur Aufstiegsroute hinauf. Über Biedring zum Kaiserbad hinab (ca. 1½ Std. ab Riedlhütte).

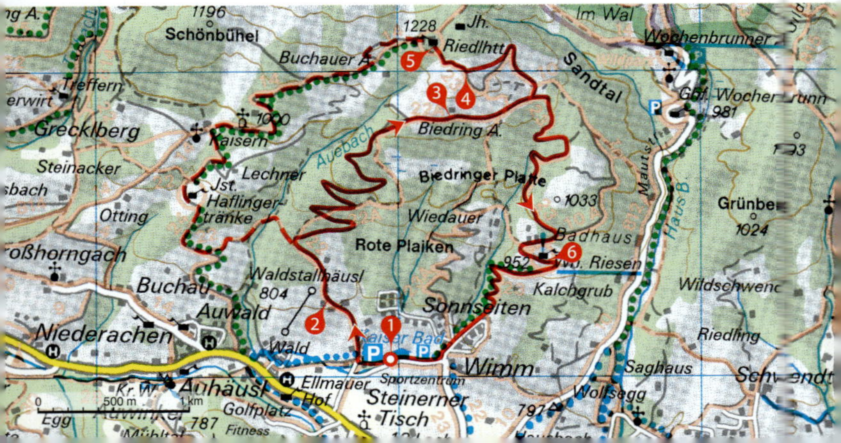

Rast auf der Biedringer Platte, im Hintergrund die Gipfel um das Kleine Törl.

Vom Parkplatz 2 am **Kaiserbad (1)** auf einem Wanderweg in wenigen Minuten westwärts über ein Bächlein zu einer Asphaltstraße und auf dieser rechts zu den Höfen von **Biedring (2)** hinauf. Dahinter auf einem Traktorweg zu einer Wegteilung im Wald. Hier mündet links die Variante (Weg 22) ein, rechts führt die schattige Forststraße Nr. 22 a in weiten, angenehmen Schleifen zur **Biedringeralm (3)** und eben über das Almplateau hinweg zu einer Wegteilung im Wald. Im weiten Linksbogen geht's auf das begeisternde Aussichtsplateau der **Biedringer Platte (4)** und über einen Waldrücken hinweg zur **Riedlhütte (5)** hinab.

Der Abstieg führt von der Hütte zum Aussichtsplateau zurück und zur bekannten Wegteilung im Wald hinab. Dort links weiter und auf einem Forststräßchen (Nr. 23) in weiten Schleifen zu einer Feriensiedlung und zum **Ghs. Riesen (6)**. Anschließend auf einer Asphaltstraße über Wiesen und durch Wald nach Wimm, wo bei einer Hochspannungsleitung ein Schild rechts zum **Kaiserbad (1)** weist.

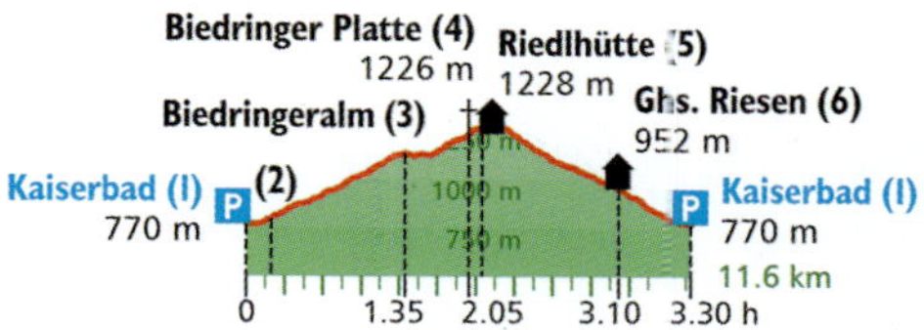

37 Wegscheidalmen und Riedlhütte, 1228 m

4.15 Std.

Alm- und Hüttenrunde am Fuß der Kaiserwände

Im Gegensatz zu vielen Kaisertouren ist es über die Wegscheidalmen und am Fuß des Treffauer recht still und man genießt die weite Schau über den Ellmauer Sattel nach Süden. Erst zur Riedlhütte hin wird es lebhafter.

Talort: Scheffau, 752 m. Bus von Kufstein.
Ausgangspunkt: Parkplatz beim Jagerwirt, 883 m. Zufahrt: Beim Ghs. Maikircher in Scheffau rechts abzweigen, von dort 1,5 km zum Parkplatz.
Höhenunterschied: 640 m.
Anforderungen: Vielfach Wanderwege und Sträßchen (»blau«), am WKS und um die Wegscheid-Hochalm mehrfach »rot«.
Einkehr: Jagerwirt (Mo., Di. Ruhetag), Riedlhütte (bew. Mai bis Mitte Okt.), Ghs. Steinacker.
Variante: Vom Jagerwirt in 2 Std. über Steinacker zur Riedlhütte (»blau«).

Rechts vom **Jagerwirt (1)** wandern wir auf einem Sträßchen (Schranke) zu einem Steg und dahinter in leichter Steigung zur ehemaligen **Wegscheid-Niederalm (2)** (2012 von einer Lawine zerstört). Nun entweder auf dem Fahrweg in weiten Schleifen bergwärts und bei einer Verzweigung links zum Almsteig hinaus oder an der Rechtskurve bei der Wegscheid-Niederalm (Viehunterstand und Brunnen) geradeaus weiter bis zum Talbachsteg, hinter dem der Almsteig rechts über schneisenartige Bergweiden hinaufzieht. Zuletzt erreichen beide Routen gemeinsam die **Wegscheid-Hochalm (3)** (Brunnen). An dieser schwenkt die Spur nach links und windet sich durch einen Staudengürtel zu einer Wegteilung auf einer Geländeterrasse hinauf; hier liegt der wesentliche Anstieg bereits hinter uns. Wir folgen dem **Wilden-Kaiser-Steig** (WKS) nach rechts in Richtung Gruttenhütte. Im wiederholten

Der Abstieg von der Riedlhütte führt an dem schmucken Hof von Kaisern vorbei.

Auf und Ab schlängelt sich der Pfad durch Latschengassen und Buschwerk, durch lichten Wald und über Geröllfelder um den West- und Südsockel des Treffauer-Tuxeck-Stockes herum, bis er nach einer guten Stunde in den Wirtschaftsweg zur Gruttenhütte mündet. Auf diesem wandern wir rechts (!) zur **Riedlhütte (4)** und nach einer Brotzeitpause auf einem Sträßchen über die Buchauer- und Stoabrandalm sowie durch einen ausgedehnten Waldgürtel talwärts. Dahinter quert (!) die Route über eine Wiese zum Weiler **Kaisern (5)** und folgt anschließend einem Asphaltsträßchen zum nahen Wald (Gregglberg), durch den ein Wanderweg rechts nach **Steinacker (6)** hinabführt. Hier halten wir uns erneut rechts, gehen auf einem Sträßchen zu einer Brücke hinab – oder rechts davon über einen Steg – zum **Jagerwirt (1)** hinauf.

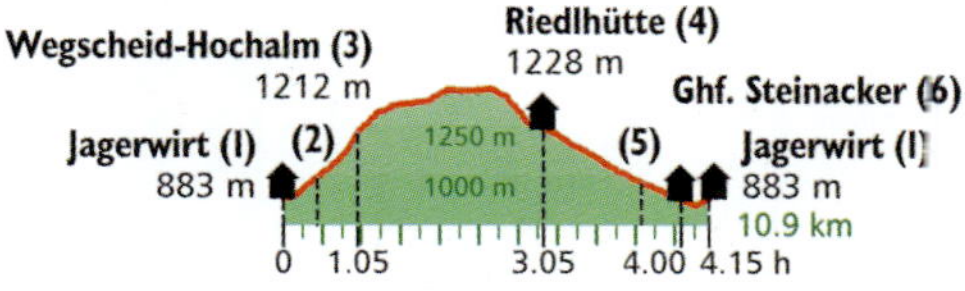

38 Treffauer, 2304 m

7.30 Std.

Abweisendes Felsbollwerk mit bestechendem Panoramablick

Der Treffauer bildet zusammen mit Kaiserkopf und Tuxeck die Kulisse im Westen der Gruttenhütte. Er zählt zu den höchsten, aussichtsreichsten Gipfeln im Kaisergebirge und kann mit prächtigen Landschaftsbildern aufwarten. Er verlangt beim Auf- und vor allem beim Abstieg volle Konzentration; mehr noch als das Sonneck (Tour 39).

Talort: Scheffau, 752 m.
Ausgangspunkt: Parkplatz beim Jagerwirt, 883 m. Zufahrt wie Tour 37.
Höhenunterschied: 1420 m.
Anforderungen: Problemlose Alm-, aber mühsame Latschenzone in der unteren Hälfte. Langer, anspruchsvoller Gipfelaufbau (Steinschlaggefahr, mehrfach Kletterpassagen I). Alpine Erfahrung, gute Kondition, Trittsicherheit und Schwindelfreiheit unerlässlich. Nicht bei Nässe und nicht für Einsteiger!
Einkehr: Keine, nur Jagerwirt am Ausgangspunkt (Mo., Di. Ruhetag).

Kaiser-Panorama am Treffauer. Von links: Kleine Halt, Gamshalt, Ellmauer Halt. Rechte Bildhälfte: Die Ackerlspitze (rechts) überragt das Gipfelgewirr des Ostkaiser.

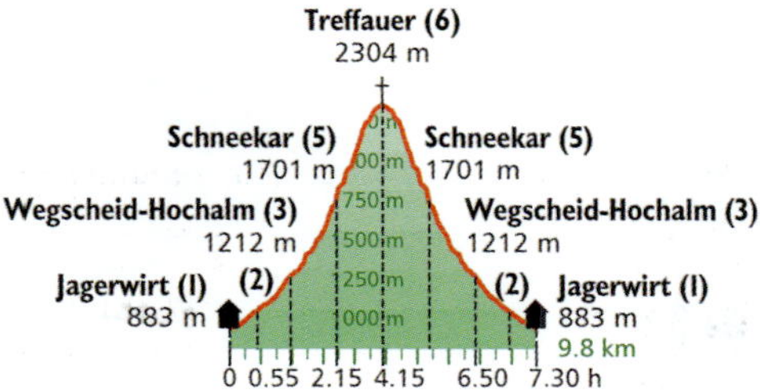

Rechts vom **Jagerwirt (1)** wandern wir auf einem Sträßchen (Schranke) zu einem Steg und dahinter in leichter Steigung zu der von einer Lawine zerstörten **Wegscheid-Niederalm (2)**. An der Rechtskurve vor dem Viehunterstand (Brunnen) zweigen wir vom Fahrweg ab und gehen geradeaus zu einem Steg am Talbach hinauf. Unmittelbar dahinter drehen wir rechts ab und folgen schneisenartigen Bergweiden zur **Wegscheid-Hochalm (3)** (Brunnen). Von dieser zieht der Pfad nach links durch einen Staudengürtel auf eine Terrasse, wo er auf den **Wilden-Kaiser-Steig (4)** trifft und diesem etwa fünf Minuten bis zur folgenden Verzweigung nach links folgt. Hier und an der

Sonneck-Südwand (li.) mit Kleinkaiserl (re.) vom Treffauer; darüber der Zahme Kaiser.

nächsten Wegteilung am Fuß eines periodischen **Wasserfalls** halten wir uns an die rechte Spur, die sich nun über einen steilen Latschenhang zum Eingang des **Schneekars (5)** müht. An seinem rechten Rand klettern wir in einer gut gestuften Felsrinne nur 10 Hm (!) hinauf und queren dann nach rechts. Über eine kurze Drahtseilpassage und eine von Latschen gesäumte Felsrinne gewinnen wir einen Absatz, anschließend über Schutt und eine kleine Felsstufe den Westgrat des Treffauer. Dann geht es um ein Geländeeck herum auf einen ausladenden Grashang und in Serpentinen (bei feuchtem Untergrund unangenehm glatt!) zum Sockel eines mächtigen Felskopfs hinauf. Diesen umgehen wir auf der rechten Seite zu einem kleinen Schartl und erreichen über die anschließende Rippe und eine Schuttrinne eine gut gestufte, kaminartige Felsrinne. Oberhalb derselben steigen wir durch eine breite, seichte Schuttrinne an (Steinschlaggefahr!), an deren Ende wir rechts auf einen markanten Steinmann zusteuern. Von dort zieht ein Rasenhang auf den nordwestlichen Vorgipfel. Nach einer kurzen Gratpassage geht es ein langes Stück rechts unterhalb der Gratschneid auf schmalen, z. T. luftigen Bändern um einen weiteren Vorgipfel herum und dahinter auf den **Treffauer (6)**. **Abstieg** wie Aufstieg.

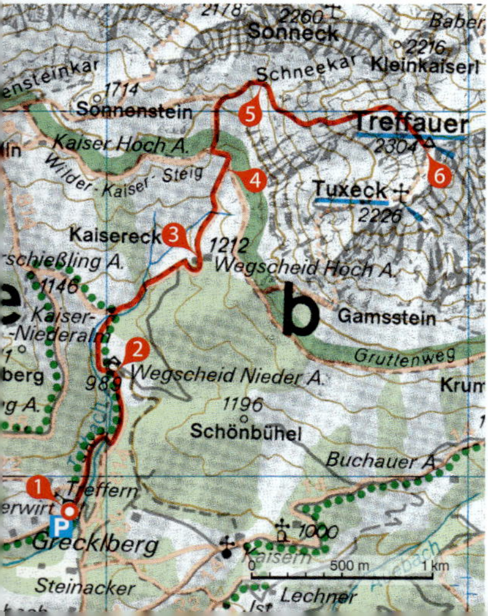

7.15 Std.

Kopfkraxen, 2178 m, und Sonneck, 2260 m

39

Über schweißtreibende Südhänge auf anspruchsvolle Kaisergipfel

Kopfkraxen und Sonneck zählen nicht zu den Kaisergipfeln, die sofort ins Auge springen; sie sind eher stille Wanderziele. Da sich der Aufstieg von Kufstein übers Kaisertal und den nordseitigen Güttlersteig sehr in die Länge zieht, wird hier die Südroute zum Sonneck vorgestellt, die der geübte Bergwanderer vom Tal aus an einem Tag gut bewältigen kann. Eine weite Schau über die Kitzbüheler Berge hinweg auf die Hohen Tauern und Zillertaler Alpen sowie der Ausblick auf Hintersteinersee und Scheffauer begleiten den schweißtreibenden Aufstieg. Am Gipfel beherrschen im Osten die wilden Felsfluchten des Totenkirchl und der drei Halten, im Süden der Klotz des Treffauer und im Norden der Zahme Kaiser mit den Voralpen und dem Inntal das Bild.

Talort: Scheffau, 752 m.
Ausgangspunkt: Parkplatz beim Jagerwirt, 883 m. Zufahrt: Beim Ghs. Maikircher in Scheffau rechts abzweigen, von dort 1,5 km zum Parkplatz.
Höhenunterschied: Sonneck 1430 m; Kopfkraxen 1300 m.
Anforderungen: Straße zur Wegscheid-Niederalm, Almgelände und ein Staudengürtel zur Kaiser-Hochalm (»blau«). Überwiegend sonnseitiges, mühsames Steilgelände zur Kopfkraxen (»rot«). Luftiger Schartenabstieg (Drahtseilsicherung) und z. T. schmaler Schrofengrat zum Sonneck (»schwarz«). Sichere Wetterlage, gute Kondition, Trittsicherheit, Schwindelfreiheit und Bergerfahrung unerlässlich! Zeitig aufbrechen und reichlich Flüssigkeit mitnehmen, nicht bei Nässe und Nebel!
Einkehr: Kaiseralm (Vorderschießlingalm), bew. Mitte Mai bis Anf. Okt., Jagerwirt am Ausgangspunkt (Mo., Di. Ruhetag).

Auf der Kaiser-Hochalm mit dem Teleobjektiv fixiert: Großer Rettenstein, der links vom Großvenediger und rechts vom Keeskogel flankiert wird. Davor die Gebäude am Hartkaiser.

Zur Westschulter des Sonneck.

Vom Parkplatz beim **Jagerwirt (1)** auf der von einer Schranke gesperrten Straße zu einem Steg und dahinter zur ehemaligen **Wegscheid-Niederalm (2)**. An der Rechtskurve vom Fahrweg ab und links vom Viehunterstand am Bach entlang zu einem Steg mit Routenteilung. Zum Sonneck nordwärts auf wellige Bergweiden hinaus und über diese zur **Vorderschießlingalm (3)** (Kaiseralm). Rechts davon auf ausgetretenem Pfad über Weidehänge und durch einen Buchengürtel auf die Sonnenterrasse der **Kaiser-Hochalm (4)** (3 Wasserstellen). Hier für den folgenden, etwa zweistündigen, schweißtreibenden Abschnitt voll »auftanken«! Unmittelbar hinter den Hütten links abdrehen und gleich darauf zu einer Wegteilung: links Scheffauer – rechts Sonneck. Zu Letzterem führt der Steig am Johannesbründl vorbei und dahinter rechts durch einen Latschengür-

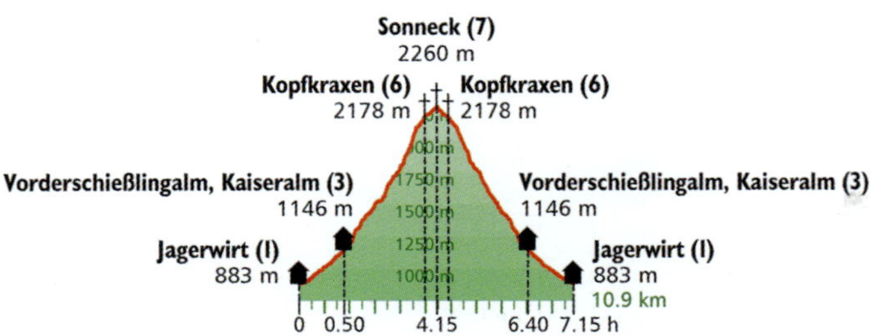

tel zu einem Geröllfeld am Fuß des **Sonnenstein**. Um diesen rechts herum zu einer Weggabelung (rechts »Treffauer« – links »Sonneck«). Auf dem steilen, linken Pfad mühsam am Felssockel entlang zu einem Grasabsatz, dann links in Latschengassen über brüchigen Fels auf einen Grasboden mit kleiner Grube (Wegteilung für den Abstieg!). Rechts über einen Grashang, dann im Linksbogen zu einer gestuften, felsigen Latschenrinne und anschließend auf ein kleines Block- und Geröllfeld. Von diesem etwa 220 Hm über einen kraftraubenden Schrofenhang (Steinschlaggefahr!) auf den **Wiesberg (5)**, wo man sich die undeutliche Ausstiegsstelle für den Abstieg gut merken soll. Nun dem angenehmen, aussichtsreichen Grasgrat nach rechts auf die **Kopfkraxen (6)** folgen und von dieser mit Hilfe eines stabilen Drahtseiles luftig in eine Scharte absteigen (Schlüsselstelle). Am Grat entlang sowie über einen steilen Schrofen- und Rasenrücken auf eine Schulter und am Rand einer meist schneegefüllten Mulde sowie über einen von Felsblöcken übersäten Rücken aufs **Sonneck (7)**. Kurz vor dem Gipfel mündet von links der markierte Güttlersteig von Hinterbärenbad ein. Beim Abstieg muss man von diesem rechtzeitig links abzweigen, um nicht versehentlich ins Kaisertal abzusteigen! Unser **Rückweg** nach Scheffau verläuft über die Aufstiegsroute. Vom o.g. Grasboden kann man aber vorteilhaft westwärts durch einen Latschenstreifen schlüpfen und dann durch das schuttreiche, schattseitige **Sonnensteinkar** zur Hauptroute absteigen.

Über einen steinschlaggefährdeten Schrofenhang recht mühsam auf den Wiesberg. Links unten der Sonnenstein und die Vorderschießlingalm (Kaiseralm).

40 Steiner-Hochalm, 1257 m, Hinterschießlingalm, 1020 m

3.45 Std

Sonnige, aussichtsreiche Almenrunde über Scheffau

Eine romantische Schlucht, schattiger Wald und sonnige, aussichtsreich Matten unter steilen Bergflanken sowie eine weite Schau auf die Kitzbühele Alpen und die Firnkette der Hohen Tauern prägen das Bild auf der Scheffaue Almenrunde, deren Länge sehr individuell gestaltet werden kann.

Talort: Scheffau. 752 m. Bus von Kufstein.
Ausgangspunkte: 1. Scheffau, Parkplatz Pfarrheim, westlich der Kirche, 743 m.
2. Parkplatz Schießling, 882 m. Zufahrt: Von Scheffau (Kirche) 1,1 km in Richtung »Hintersteinersee«, dann 0,7 km rechts zum Parkplatz Schießling.
Höhenunterschied: 650 m.
Anforderungen: Gut beschilderte Forst- und Almwege (»blau«, nur an kurzen Stellen »rot«).
Einkehr: Steiner-Hochalm (bew. Juli mit Sept.), Hinterschießlingalm (Mitte Mai mit Sept.), Vorderschießlingalm (bew. Mitte Mai bis Anf. Okt., nur bei Variante 2), Hotel Leitenhof.
Varianten: 1. Kleine Runde bis Steiner-Niederalm, dort rechts zur Hinterschießlingalm (2¼ Std., 350 Hm, »blau«).
2. Große Runde über Steiner-Hochalm, Kaiser-Hochalm, Vorderschießlingalm (Kaiseralm), Gegenanstieg zur Kaiser-Niederalm Hinterschießlingalm, Parkplatz Schießling Scheffau (»blau«, Stellen »rot«, ca. 150 Hm und ¾ Std. länger als die Hauptroute).
Tipp: Kirche in Scheffau.

Von **Scheffau (1)** gut 400 m in Richtung Hintersteinersee, dann rechts zum **Leitenhof (2)**. Dahinter auf einem Traktorweg durch den Wald und am **Abzweig Rehbachgraben (3)** vorbei zum **Parkplatz Schießling (4)**. (Wer hier startet, verkürzt jede der drei Runden um 1 Std.). Auf der Straße 50 m nach links, dann rechts auf eine große Wiesenterrasse. Hier scharf rechts ab und auf einer Forststraße (Nr. 46) zur **Steiner-Niederalm (5)**. Dreifache Wegteilung: In ¼ Std. rechts zur Hinterschießlingalm (Variante 1). Links von der Hütte in einer weiten Schleife auf dem Fahrweg weiter oder rechts von der Hütte am alten Almweg (Abkürzung der Straßenschleife) zur **Steiner-Hochalm (6)**. Von dieser am WKS 823 rechts (ostwärts) Wei-

Auf der Steiner-Hochalm. Hintersteinersee mit Pölven (links), hinten Inntal und Rofan.

dehänge abwärts queren, dann durch einen Waldgürtel zu einem Traktorweg ansteigen. **Routenteilung**: Die Variante 2 führt geradeaus zur Kaiser-Hochalm weiter. Die Hauptroute folgt dem Traktorweg rechts durch den Wald und über Bergweiden zur **Kaiser-Niederalm** hinab, quert hinter dieser eine Almwiese nach rechts zu einem Überstieg und senkt sich über schütter bewaldete Bergwiesen und auf einem Traktorweg zur **Hinterschießlingalm (7)** hinab. Von dieser auf einem Fahrweg zur Straße und auf dieser rechts zum **Parkplatz Schießling (4)**. Auf bekannter Route links zur Abzweigung in den **Rehbachgraben (3)**, dort rechts zu einem Steg hinab und durch die romantische Schlucht (»Rehbachrundweg«) zum **Grillplatz (8)** hinaus. Dahinter zur Hauptstraße und nach **Scheffau (1)** zurück.

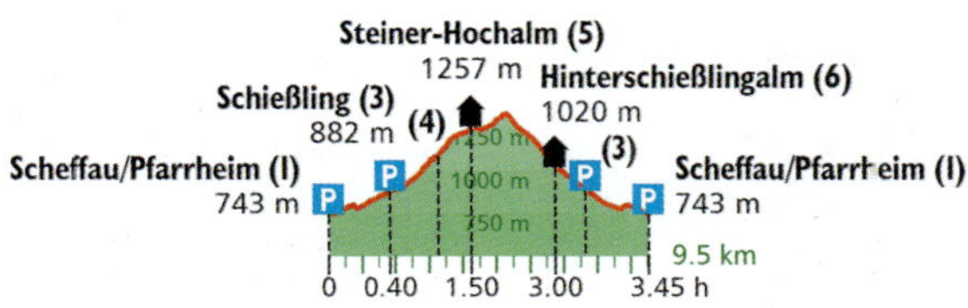

41 Scheffauer, 2111 m (Südanstieg)

5.45 Std.

Der leichteste und kürzeste Weg auf den Scheffauer

Der Südanstieg von Bärnstatt auf den Scheffauer weist ein homogeneres Anstiegsprofil auf als die Nordroute über das Brentenjoch, die Kaindlhütte und den Widauersteig (siehe Tour 44). Das Gelände ist auf der Südseite auch weniger von Steinschlag bedroht und die schwierigen, gesicherten Felspassagen reduzieren sich auf etwa 30 Hm. Dafür ist der Weg in der oberen Hälfte stark der Sonne ausgesetzt. Er eignet sich somit besser für Saisonanfang und -ende, während der schattige Nordanstieg für den Hochsommer zu empfehlen ist.

Talort: Scheffau, 752 m.
Ausgangspunkt: Gebührenpflichtiger Parkplatz hinter der Leonhardikapelle in Bärnstatt, 918 m. Zufahrt von Scheffau (3 km, Ww. »Hintersteinersee«). Weitere gebührenpflichtige Parkmöglichkeit auch 900 m weiter am Hintersteinersee.
Höhenunterschied: 1200 m.
Anforderungen: Abwechslungsreicher und gut markierter, südseitiger Steig durch Wald und über Latschenfelder, Bergweiden und Schrofenhänge, Geröllfelder und gut gestuftes Felsgelände. Überwiegend »rot«, eine plattige, gesicherte Felspassage »schwarz«; Trittsicherheit und Schwindelfreiheit erforderlich!
Einkehr: Steiner-Hochalm (bew. Juli mit Sept.), Ghs. Bärnstatt.

Links von der besuchenswerten Leonhardikapelle in **Bärnstatt (1)** auf einem Traktorweg durch den Wald zu einer Lichtung, dort rechts abzweigen und zuerst über einen schneisenartigen Weidehang, dann durch Wald und zuletzt in einer Rinne zur **Steiner-Hochalm (2)**. Über den freien Hang zur Linken etwa 80 Hm ansteigen, dann rechts durch den Wald auf ein großes Schuttfeld hinaus. Dieses ostwärts queren und an seinem Ende über eine kurze, mühsame Steilstufe zu einer **Wegteilung (3)** (1609 m, rechts »Kaiser-Hochalm«, links »Scheffauer«). Auf dem linken Steig über ein kleines Schuttfeld, dann durch Latschengassen zu Felsaufbauten hinauf, an ihrem Sockel links entlang und dahinter in gut gestuften Felsrinnen zu einem weiten Schrofenhang, der nach links ansteigend zu queren ist. Anschließend über reich gegliederte Felsen zur Schlüsselstelle beim »**Hochofen**« **(4)**, einer unter einem Überhang hinaufziehenden, mit Metalltritten gesicher-

Am Scheffauer. In der Tiefe der Hintersteinersee, darüber der Pölven und rechts davon das Inntal. Hinten von links die Zillertaler und Stubaier Alpen, das Rofan und Karwendel.

ten Felsrampe. Danach mit Seilsicherung über eine kleine Felsstufe auf ein Schartl. Es folgt eine weitere Drahtseilpassage, dann windet sich der Steig über steile Schrofen auf einen **Sattel** und trifft dort auf den von der Kaindlhütte heraufkommenden Widauersteig (vgl. Tour 44). Links zur ebenen Grasmulde der »Kegelstatt« und über einen kurzen Fels- und Schrofenhang auf den **Scheffauer (5)**. Beim **Abstieg** hält man sich ganz an die Aufstiegsroute.

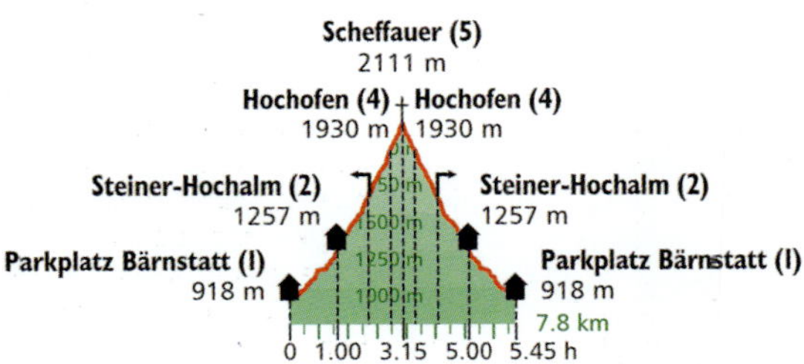

42 Walleralm, Kreuzbichl, 1199 m, und Hocheck, 1470 m

4.45 Std

... wo sich der Kaiser auf den Kopf stellt

Die Wanderung vom wald-, schilff- und wiesengesäumten Hintersteinersee in der Südwestecke des Wilden Kaiser zur Walleralm wird von der Schneerosenblüte im zeitigen Frühjahr bis spät in den Herbst hinein gerne durchgeführt. Die Eiszeit hat die Rundbuckel um die in einer schönen Mulde gelegenen Walleralm gestaltet, und das kleine Plateau um das Kreuzbichl-Kreuz eignet sich als beschaulicher Rastplatz und als Aussichtskuppe. Der Hintersteinersee, in dem sich die Berge spiegeln, ist nicht nur ein für Wanderer lohnendes Ausflugsziel; er lockt in den heißen Sommerwochen auch viele zu einem kühlen Bad an seinem Ostufer.

Goldene Herbsttage am Hintersteinersee mit dem angeschneiten Treffauer.

Talort: Scheffau, 752 m; Schwoich, 584 m.
Ausgangspunkt: Gebührenpflichtiger Parkplatz am Ostufer des Hintersteinersees, 885 m, etwa 4 km von Scheffau, Zufahrt beschildert.
Höhenunterschied: Ca. 750 m, nur Kreuzbichl ca. 450 m.
Anforderungen: Gut markierte Wanderwege und Forststraßen im mehrfachen Auf und Ab.
Einkehr: Walleralm (bew. Mai bis Ende Okt., Tel. +43 664 9858139), weitere Hütten auf der Alm, Stöfflhütte, Ghf. Maier, Jst. Goingstätt, Seestüberl, Hagenhof.
Varianten: 1. Gut beschilderter, reizvoller Seerundweg (1¼ Std., 180 Hm, »blau«).
2. Steinerne Stiege (»rot«): Vom Parkplatz hinter Aßmann (Zufahrt von der B 173) auf der Forststraße zur nahen Linkskehre, an ihrem Scheitel rechts ab und auf Weg Nr. 58 in längerer, welliger Hangquerung zur Steinernen Stiege. Hierher auch vom Parkplatz und der Bushaltestelle »Steinerne Stiege« an der B173 (Km 4,9). Die »Stiege« überwindet neben einer Hochdruckleitung in etwa ½ Std. im Zickzack einen licht bewaldeten Fels- und Schrofenhang, der mit natürlichen und künstlichen Stufen sowie mit 2 Metalltreppen ausgebaut ist (»rot«). Anschließend führt ein Traktorweg über einen Wiesensattel zum Hagenhof und links davon ein Wanderweg zur Pension Maier (gut 1 Std. ab Parkplatz). Der Straße (Hauptroute im Abstieg) folgt man links in 1¼ Std. zur Walleralm, wobei auf etwa halber Strecke links die vom Aßmann-Parkplatz heraufführende Forststraße einmündet, die als bequeme Abstiegsroute (»blau«) zu empfehlen ist. Wesentlich schwieriger (heikel bei Nässe und nur für trittsichere Geher) ist der in der großen Kurve unterhalb der Walleralm abzweigende Rechersteig Nr. 823 (WKS). Er führt zuerst in einer Grasmulde zu einem Drehkreuz, dann durch den Wald zu einer Forststraße hinab. Nach deren Querung ist bis zum Pestkreuz in Reher z.T. recht steiles, nur stellenweise gesichertes Waldgelände zu überwinden. Vom Kreuz geht es auf der Straße links in einen Graben hinab und dahinter rechts in Richtung »Egerbach« zum Parkplatz zurück (etwa 1¼ Std. ab Walleralm).

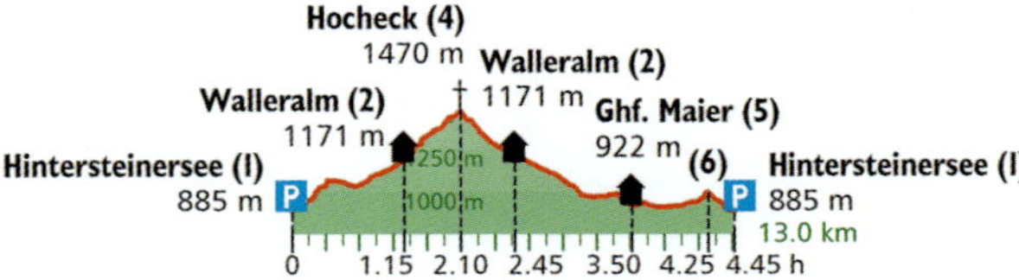

Gegenüber dem **Parkplatz (1)** am Ostufer des Hintersteinersees zweigt vo dem Seestüberl rechts eine gut markierte Wanderroute zur Walleralm ab. Si führt als Waldsteig, abschnittweise auch als Forststraße dorthin. Etwa au halber Wegstrecke teilt sich die Route. Man kann nach kurzem Abstieg link über die Straße (»blau«) oder etwas kürzer am felsig gestuften Waldhang entlang (Trittsicherheit erforderlich, »rot«) auf freie Weidemulden hinaufwan-dern, wo beide Routen wieder zusammentreffen und dem Sträßchen zu de reizvollen Hütten bei der **Walleralm (2)** folgen. Vom Gasthaus (oberstes Ge-bäude) kann man auf einem angenehmen Steiglein links einen kurzen, loh-nenden Abstecher zum **Kreuzbichl (3)** unternehmen oder/und hinter de Walleralm aufs Hocheck wandern. Der Steig führt in einer seichten Rinne über Almweiden, dann rechts zu einem Waldstreifen und anschließend übe eine Schneise auf einen Sattel. Dahinter quert man rechts durch den Wald

Üppiger Blumenschmuck an den Hüttenfronten der Walleralm.

Die Hütten der Walleralm unterm Zettenkaiser.

steigt über einen zumeist freien Hang auf ein Schartl und links aufs nahe **Hocheck (4)**. Auf gleicher Route geht's zur **Walleralm (2)** zurück.
Der weitere Abstieg zum Hintersteinersee verläuft über die Forststraße bis zum **Gasthof Maier (5)**, wobei hinter der Senke bei der Höltzentalalm zuerst ein Gegenanstieg, dann welliges Gelände folgt, ehe es zum Seespitz hinabgeht. Statt auf der über 2 km langen Norduferstraße, die prächtige Ansichten von See und Gebirge beschert, kann man auch auf dem »Wanderweg um den See« autofrei über das schattige Südufer zum Ausgangspunkt zurückkehren. Dazu hält man sich beim Gasthof rechts, geht am Jugendheim vorbei und dreht an der nächsten Wegteilung links ab. Nach einer Flachpassage wird das Gelände wellig. Ein deutlicher Gegenanstieg ergibt sich beim **Greidernkogel (6)**, ehe es hinter einem Graben noch kurz zum **Parkplatz (1)** hinaufgeht.

43 Gamskogel, 1449 m, und Kaindlhütte, 1293 m

7.00 Std.

Ganzjähriges Wandergebiet auf der Nordabdachung des Wilden Kaisers

Die dem Wilden Kaiser gegen Kufstein hin vorgelagerte Geländeterrasse ist zwischen Kaindlhütte, Brentenjoch und Berghaus Aschenbrenner seit Jahrzehnten beliebtes Wandergebiet. Im zeitigen Frühjahr starten hierher viele Naturfreunde zu einer Schneerosenwanderung aufs Brentenjoch und auf den Gamskogel, die sich zu Beginn der wärmeren Jahreszeit mit Tausenden weißer Blütensterne schmücken. Hinterduxerhof, Duxeralm, Berghaus Aschenbrenner und Weinbergerhaus laden im Sommer Wanderer, im Winter Rodler bzw. Skitourengeher zur Einkehr. Die nur in der warmen Jahreszeit bewirtschaftete Kaindlhütte hat zusammen mit den Touren 44 und 45 ein lohnendes Bergprogramm zu bieten, das sich von Anfang Mai bis Ende Oktober bei einer Fahrt mit dem Kaiserlift um etwa 2½ Stunden verkürzen lässt.

Kaindlhütte (links) und Steinbergkapelle.

Auf dem Gamskogel – Blick auf die Chiemgauer Alpen (Mitte) und den Zahmen Kaiser (re.).

Talort: Kufstein, 499 m.
Ausgangspunkt: Bergstation des Kaiserlifts am Jahnhügel, 1270 m. Betrieb: 1.5. bis 31.10. täglich von 8.30 bis 16.30 Uhr. Gebührenpflichtiger Parkplatz an der Talstation in Kufstein, 510 m. Zufahrt: Nach der Autobahnausfahrt Kufstein-Nord am 1. Kreisverkehr rechts, am 2. Kreisverkehr dem Ww. »Kufstein«, am 3. Kreisverkehr dem Ww. »Zentrum« und ab dem 4. Kreisverkehr dem Ww. »Kaiserlift« folgen.
Höhenunterschied: 1150 m im mehrfachen Auf und Ab.
Anforderungen: Gut markierte Wege und Sträßchen zur Kaindlhütte (»blau«). Zwischen Gamskogel und der Abzweigung zum Bettlersteig trifft man auf »rote« Passagen.
Einkehr: Liftstüberl, Theaterhütte, Hinterduxerhof (gj. bew., Tel. + 43 5372 63675), Duxeralm, Weinbergerhaus (gj. bew.), Brentenjochalm, Kaindlhütte (privat, bew. Mai mit Okt., 42 Schlafplätze, Tel. +43 664 1686568), Berghaus Aschenbrenner (gj. bew., Mo. Ruhetag, Tel. +43 5372 62220, Winterwanderweg und Naturrodelbahn).
Varianten: 1. Ortskundige und flotte Geher wählen als Aufstieg zum Brentenjoch meist den ausgetretenen, aber nicht markierten Steig über die ehemalige Skipiste zum Brentenjoch. Die Route: Vor der Theaterhütte rechts über einen aufsteilenden Grashang zur Hauptroute in Hinterdux, wobei zwischenzeitlich eine Straße zu queren ist. Auf der Hauptroute in Richtung zur Duxeralm. Vor der Unterquerung des Kaiserlifts jedoch links ab und über die Piste zu einer Forststraße (Hauptroute). Dieser gut 400 m folgen, dann rechts ab und über einen schneisenartigen Grashang im Rechtsbogen aufs Brentenjoch (2 Std. vom Kaiserlift-Parkplatz).
2. Von der Kaindlhütte in ½ Std. aufs Hocheck, 1470 m. Hinter der Steinbergkapelle kurz am rechten Sträßchen weiter, dann links abbiegen und über Bergweiden zum gut sichtbaren Gipfelkreuz.
3. Vom Brentenjoch in ¼ Std. zum Weinbergerhaus. Hierher auch in 5 Min. von der Bergstation des Kaiserlifts.
4. Vom Brentenjoch in gut 2 Std. auf einer Forststraße und einem Waldsteig über das Berghaus Aschenbrenner und die Waldkapelle (Weg 814) nach Kufstein und zum Kaiserlift-Parkplatz.
Varianten 2 bis 4 »blau« und beschildert.

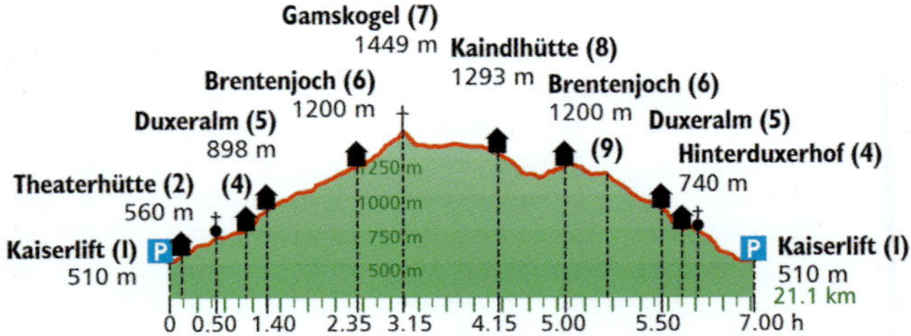

Den meisten Bergwanderern dient der **Kaiserlift (1)** als willkommene Aufstiegshilfe zum Brentenjoch. Wer aber außerhalb der Betriebszeit unterwegs ist oder den Sessellift nicht in Anspruch nehmen will, folgt am rechten Ende des Parkplatzes knapp 50 m dem Ww. »Kufstein« bis zur Wegteilung am Bergsockel. Nach links gehen wir hinauf – von rechts kommen wir herab. Auf der Südseite einiger Häuser gelangen wir auf einem gut erkennbaren, aber unmarkierten Steig über die ehemalige Skiabfahrt zu einer Straße und gleich darauf zur **Theaterhütte (2)**. Von dieser führt ein Waldweg zur **Dickichtkapelle (3)**, wobei wir uns bei einer Verzweigung im Wald rechts halten. Von der Kapelle gehen wir auf einem ebenen Forstweg scharf rechts zu einer Asphaltstraße hinaus und auf dieser über einen kleinen Sattel hinweg zum Berghotel **Hinterduxerhof (4)**. Links davon wandern wir auf einem Forstweg zur Duxeralm hinauf, vor der wir auf ein Sträßchen treffen und uns durch einige Verzweigungen nicht verwirren lassen sollten. Unmittelbar links hinter der **Duxeralm (5)** führt ein beschilderter Waldsteig zum Brentenjoch weiter. Länger und bequemer können wir der Straße in einer weit ausholenden Schleife zu einer Verzweigung folgen. Von dieser läuft der rechte Straßenast zum »Schneerosenweg« weiter (Abstiegsroute), der linke über eine weite Strecke aufs **Brentenjoch (6)**. Hier finden auch die Benutzer des Kaiserlifts Anschluss an die Hauptroute, benötigen für den Abstieg von der Bergstation am Jahnhügel über die Brentenjochalm aber nur 10 Minuten. Wer nun auf kürzestem Weg zur Kaindlhütte will, geht auf der Straße in den Gaisbachgraben hinab, hält sich bei einer Gabelung rechts und wandert hinter einem Steg über die Steinberghütte und freies Almgelände zur Kaindlhütte hinauf (1 Std. von der Bergstation des Kaiserlifts).

Der Steig zum **Gamskogel (7)** beginnt direkt am Brentenjoch mit einigen Stufen und führt dann über licht bewaldete Rücken, durch schneisenartige Mulden und zuletzt über einen bewaldeten Hang auf den bescheidenen Gipfel. Unweit (nördlich) davon ist ein Aussichtspunkt mit Kreuz. Zur Kaindlhütte wandern wir südwärts weiter und erreichen über ein Schärtchen einen Nebengipfel. Dann steigen wir über einen Latschenkamm und einen Waldrücken (Holztreppen) ab, ehe eine längere Querung von ein- und ausbuchtenden Bergweiden folgt. Ein Stück hinter einem felsig-splitterigen Graben treffen wir auf die Abzweigung des Bettlersteiges. Unsere Route läuft im Rechtsbogen eben zu einer Almstraße weiter, die sich zum Hüttendörfl der Steinbergalm mit der **Kaindlhütte (8)** hinabsenkt.

Der Rückweg nach Kufstein führt über die Zufahrtsstraße nordwärts zur Steinberghütte und links davon in den Gaisbachgraben hinab. Anschließend folgt ein längerer Gegenanstieg aufs **Brentenjoch (6)**. Für den weiteren Abstieg bieten sich uns mehrere Möglichkeiten. Am bequemsten und raschesten gehen wir zur Bergstation des Kaiserlifts hinauf und fahren mit diesem ins Tal. Die kürzere von zwei Wanderrouten (1¾ Std.) führt am Brentenjoch rechts durch den Geländeeinschnitt und folgt dem Aufstiegsweg über **Duxeralm (5)** und **Hinterdux (4)**. Der längere Routenvorschlag verläuft in etwa 2 Std. über den Schneerosenweg talwärts. Dazu halten wir uns am Brentenjoch links, passieren kurz darauf die Brentenjochalm und treffen dahinter auf eine Wegteilung. Rechts geht es zum Kaiserlift und zum Weinbergerhaus hinauf (Variante 3, etwa ¼ Std. länger.), links am kürzesten zum **Schneerosenweg (9)**. Dieser zweigt etwa 10 Min. vor dem Berghaus Aschen-

Blumenecke an der Brentenjochalm.

brenner rechts ab und führt als schattiger Waldweg zu einer Straße hinab, der wir rechts zu einer Gabelung folgen und von dieser links über die Aufstiegsroute zur **Duxeralm (5)** und nach **Hinterdux (4)** hinabwandern. Hier verlassen wir die vom Aufstieg her bekannte Route, gehen aber nicht auf dem Asphaltsträßchen nach Vorderdux hinab, sondern steigen wesentlich reizvoller über das Duxer Köpfl ab. Dazu queren wir von dem hinterm Gasthaus gelegenen Parkplatz höhengleich nach rechts über eine Wiese und unter einem Haus vorbei. Danach erreichen wir auf einem bequemen Waldweg die Kapelle »Musikantenrast« und 30 m rechts davon die »Aussicht **Duxer Köpfl**«. Dann steigen wir über einen grasigen Waldrücken zum »Kraftplatz« bei der **Marienkapelle (10)** ab und erhalten dort einen begeisternden Ausblick auf Kufstein, das Inntal und seine Randberge. Von der Kapelle geht es links nach Vorderdux und in weiten Schleifen durch den Wald zu einer Verzweigung hinab. Hier halten wir uns rechts und gelangen nach der Querung einer Straße und eines Wanderweges hinter einem Graben links zum **List-Denkmal (11)**. Von diesem wandern wir rechts auf dem unteren von zwei Asphaltsträßchen am Waldrand zum **Kaiserlift-Parkplatz (1)** zurück.

7.00 Std.

Scheffauer, 2111 m (Widauersteig)

44 TOP

Schattiger Klettersteig für heiße Tage

Die Tour auf den Scheffauer, der als erster, touristisch erstiegener Kaisergipfel gilt (wahrscheinlich 1794) lässt sich gut in ein mehrtägiges Bergprogramm um die Kaindlhütte einbauen (siehe Tour 43). Bei Benutzung des Kaiserlifts wird sie aber meist als Tagestour durchgeführt. Die Route über den anspruchsvollen Widauersteig kann man wegen der schattseitigen Lage besonders in den heißen Sommermonaten empfehlen.

Talort: Kufstein, 499 m.
Ausgangspunkt: Bergstation des Kaiserlifts am Jahnhügel, 1270 m. Betrieb: 1.5. bis 31.10. täglich von 8.30 bis 16.30 Uhr. Gebührenpflichtiger Parkplatz an der Talstation in Kufstein, 510 m. Zufahrt: Nach der Autobahnausfahrt Kufstein-Nord am 1. Kreisverkehr rechts, am 2. Kreisverkehr dem Ww. »Kufstein«, am 3. Kreisverkehr dem Ww. »Zentrum« und ab dem 4. Kreisverkehr dem Ww. »Kaiserlift« folgen.
Höhenunterschied: 1090 m.
Anforderungen: Breiter Wanderweg zur Kaindlhütte (»blau«), markierter Pfad zum Einstieg (»rot«), etwa 370 Hm Klettersteig über einen kompakten Felssockel und durch eine brüchige Schlucht (»schwarz«). Sicherungsseile können stellenweise beschädigt sein. Klettersteigausrüstung, Steinschlaghelm und Handschuhe empfehlenswert. Nur für trittsichere, schwindelfreie und geübte Bergwanderer bei stabiler Schönwetterlage und schneefreien Verhältnissen ab Hochsommer!
Einkehr: Brentenjochalm, Kaindlhütte (privat, bew. Mai mit Okt., 42 Schlafplätze, Tel. + 43 664 1686568), Weinbergerhaus (privat, gj. bew., Tel. + 43 664 4658012).
Varianten: 1. Vom Brentenjoch rechts durch den Felseinschnitt und über Duxeralm sowie Hinterdux und Vorderdux in 1½ Std. zur Talstation des Kaiserlifts.
2. Vom Brentenjoch auf der Abstiegsroute von Tour 43 links über Schneerosenweg, Duxeralm, Hinterdux und Marienkapelle in 2 Std. zur Talstation.

Der Widauersteig ist vielfach gesichert und auch an heißen Tagen schattig.

Trollblumenblüte am Weg von der Kaindlhütte zum Widauersteig. Hinten die Scheffauer Nordwand.

Von der **Bergstation (1)** des Kaiserlifts am Jahnhügel wandern wir auf einem Sträßchen über die Brentenjochalm zum nahen **Brentenjoch (2)** und anschließend ein längeres Stück zu einem Steg über den **Gaisbachgraben (3)** hinab. Hier beginnt der eigentliche Aufstieg. Der Weg führt zur Steinberghütte und rechts davon über Almgelände zur **Kaindlhütte (4)**. Zum Scheffauer gehen wir zur nahen Steinbergkapelle und zu einer Kreuzung weiter, an der wir das Forststräßchen in Richtung »Widauersteig« verlassen. Ein deutlicher Pfad (814) führt über Bergweiden und durch den Wald zur **Hirschlacke**, dann über freie, häufig recht glatte Hänge auf

Hackenköpfe, Wiesberg, Kopfkraxen, Sonneck und Treffauer (v. li.) vom Scheffauer.

das Schuttfeld des **Großen Friedhof**. Diesen überqueren wir links zum Einstieg in den **Widauersteig (5)**. Einer brüchigen Rinne folgt senkrechter, plattiger, mit Eisenbügeln und Seil gesicherter Fels. Nach etwa 100 Hm zieht hinter einer Felsschuppe ein Band mit einer Unterbrechungsstelle rechts in die Mitte einer gut 200 m hohen, brüchigen Felsenschlucht, die achtsames Gehen abverlangt. Der mehrfach mit Drahtseilen gesicherte Steig nutzt die ganze Breite der Schlucht, passt sich geschickt den gestuften Geländestrukturen an und windet sich mühsam zu einem Sattel hinauf. Hier mündet von der Gegenseite der Südanstieg (vgl. Tour 41) ein. Nach rechts geht es gemeinsam über den kleinen, ebenen Boden der »Kegelstatt« sowie einen kurzen Fels- und Schrofenhang unschwierig auf den **Scheffauer (6)**. **Abstieg** wie Aufstieg, wobei sich ab **Brentenjoch (2)** für den Abstieg zwei Varianten anbieten.

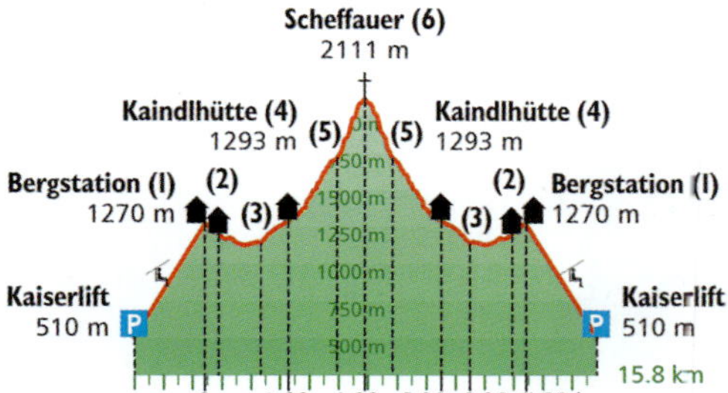

45 Rund ums Kaisertal

2 Tage

In zwei Tagen die Glanzpunkte des Kaisertales erwandern

Das vom Wanderer nur zu Fuß erreichbare, einzigartige Kaisertal bei Kufstein hat neben beliebten, fast ganzjährig begehbaren Wegen (vgl. Touren 46 und 47) auch abwechslungsreiche Steige für trittsichere Geher zu bieten, die entlang der Bergflanken beiderseits des Tales bis zum Stripsenjoch verlaufen und sich zu einer zweitägigen Rundtour zusammenfügen lassen. Gemütliche Geher gönnen sich dafür die doppelte Zeit, nächtigen zusätzlich in Hinterbärenbad und Vorderkaiserfelden und genießen den Weg zu den landschaftlich und geschichtlich interessanten Glanzpunkten des Tales.

Der Bettlersteig quert von der Steinbergalm bis Hinterbärenbad 10 Gräben.

Über der Antoniuskapelle erheben sich die berühmten Kletterberge (von links) Predigtstuhl, Fleischbank, Totenkirchl und Hintere Karlspitze, die drei Halten und das Sonneck.

Talort: Kufstein, 499 m.
Ausgangspunkt: Bergstation des Kaiserlifts am Jahnhügel, 1270 m. Betrieb: 1.5. bis 31.10. täglich von 8.30 bis 16.30 Uhr. Gebührenpflichtiger Parkplatz an der Talstation in Kufstein, 510 m. Zufahrt: Nach der Autobahnausfahrt Kufstein-Nord am 1. Kreisverkehr rechts, am 2. Kreisverkehr dem Ww. »Kufstein«, am 3. Kreisverkehr dem Ww. »Zentrum« und ab dem 4. Kreisverkehr dem Ww. »Kaiserlift« folgen.
Höhenunterschied: Ca. 1600 m.
Anforderungen: Gut markierte Wanderwege und Steige mit häufigem Wechsel im Gehrhythmus. Ausdauer, mehrfach auch Trittsicherheit und Schwindelfreiheit erforderlich. Nur für größere, ausdauernde Kinder geeignet. Der 2. Tag ist sonnenexponiert.
Einkehr: Weinbergerhaus (gj. bew.), Brentenjochalm, Kaindlhütte (privat, bew. Mai mit Okt., 42 Schlafplätze, Tel. +43 664 16 86568), Anton-Karg-Haus (AV, bew. Mai bis Okt., über 100 L. + B., Tel. + 43 5372 62578), Hans-Berger-Haus (TVN, bew. Mai bis Okt., 75 L. + B., Tel. +43 5372 62 575), Stripsenjochhaus (AV, bew. Mitte Mai bis Okt., 200 L. + B., Tel. +43 5372 62579), Vorderkaiserfeldenhütte (AV, fast gj. bew., 100 L. + B., Tel. +43 5372 63 482), Ritzaualm (privat, fast gj. bew., Tel. +43 5372 63624), Hinterkaiserhof, Pfandlhof, Berghof Enzian, Veitenhof, Theaterhütte, Liftstüberl.
Varianten: Als Gipfel am Weg bieten sich besonders an: 1. Stripsenkopf (3/4 Std. vom Stripsenjoch, siehe Tour 19).
2. Naunspitzl mit Petersköpfl (50 Min. bis zu 1.20 Std. von Vorderkaiserfelden, siehe Tour 47).

1. Tag: Vom Kaiserlift über die Kaindlhütte, den Bettlersteig und Hinterbärenbad aufs Stripsenjoch

Nach der Fahrt mit dem Kaiserlift auf den **Jahnhügel (1)** wandern wir wie bei Tour 44 über das Brentenjoch zur **Kaindlhütte (2)**. An der Gabelung hinter der Unterkunft folgen wir dem linken Sträßchen über eine Geländestufe und Weidegelände zum **Bettlersteig (3)**, der im vielfachen Zickzack über eine treppenartige Steiganlage mehr als 150 Hm über eine recht brüchige Steilflanke hinabführt. Dann geht es durch den Wald und über zwei Gräben hinweg zur großen Lichtung bei der **Straßwalch-Jagdhütte (4)**. Nach weiteren zwei Gräben zweigt der Güttlersteig aufs Sonneck ab. Kurz darauf treffen wir auf einen Rastplatz, hinter dem das Waldgelände wieder stärker abfällt und sich allmählich lichtet. Nachdem wir im Auf und Ab insgesamt 10 Gräben gequert haben, senkt sich der Pfad endgültig in den von majestätischen »Kaiserburgen« gesäumten Bergkessel von Hinterbärenbad hinab. Hinterm **Anton-Karg-Haus (5)** gehen wir auf dem Wanderweg oder über die Straße zum **Hans-Berger-Haus (6)** hinauf und machen uns nach einer Rast auf einer der beiden Hütten an den weiteren Aufstieg zum Stripsenjoch (Weg 801), der am jungen Kaiserbach entlang

zur Neustadler Wiese und zu einer Verzweigung führt. Die linke Spur windet sich zuletzt in weiten Schleifen aufs **Stripsenjoch (7)**. Dieses trennt das Kaisertal im Westen vom Kaiserbachtal im Osten und bietet mit dem Tavonarokreuz und seiner Bergkulisse ein reizvolles Kalenderbild, das auf dem Weg zum Stripsenkopf (siehe Variante 1) noch umfassender wird und so berühmte Kletterberge im Kaiser, wie den Predigtstuhl, die Fleischbank und das Totenkirchl vorstellt.

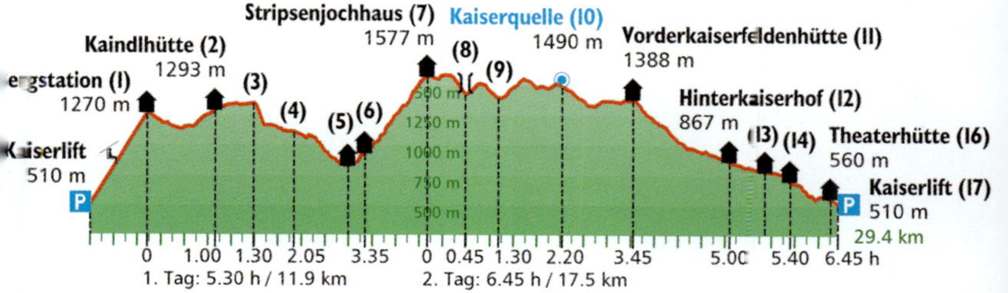

2. Tag: Vom Stripsenjoch über Vorderkaiserfelden, die Antoniuskapelle und die Tischoferhöhle nach Kufstein

Anderntags geht es vom **Stripsenjochhaus (7)** auf dem AV-Weg 811 westseitig um den Stripsenkopf herum auf den **Feldalmsattel (8)** hinab, sodann im Gegenanstieg über die Ostschulter des Ropanzen hinweg zum weiten Sattel der **Hochalm (9)**. Dahinter folgen wir links dem sonnenexponierten Höhenweg in mehrfachem Auf und Ab durch Latschengassen, queren Rippen und Rinnen und erreichen die rechts des Weges gelegene, kleine **Kaiserquelle (10)**. Dahinter zweigt zuerst links ein Steig nach Hinterbärenbad ab, dann rechts einer zur Pyramidenspitze. Wir aber bleiben auf unserem Weg und genießen den informativen Einblick in die wilden Kaiserkare und -gipfel der gegenüberliegenden Talseite. Von **Vorderkaiserfelden (11)**, wo wir uns in der Hütte eine Pause gönnen dürfen oder ein zusätzliches Mal nächtigen, führt der kürzeste und bequemste Weg in zwei Stunden über die Ritzaualm und den Veitenhof sowie die Sparchenstiege nach Eichelwang hinab, dort links über die Brücke und etwa 150 m dahinter links in Richtung »Busparkplatz« zum Kaiserlift.

Wer auf weitere klassische Örtlichkeiten des Kaisertales nicht verzichten will, dreht an der zweiten Wegteilung, etwa drei Minuten unterhalb von Vorderkaiserfelden, links in Richtung »Hinterbärenbad« ab und wandert auf einem Waldsteig über die »Hölle« zur Gabelung einer Forststraße hinab, auf dieser rechts zum traditionsreichen **Hinterkaiserhof (12)** mit der benachbarten Antoniuskapelle und über die Gasthäuser **Pfandlhof (13)** und **Veitenhof (14)** talauswärts. Etwa 150 m hinter der Abzweigung zum Straßentunnel treffen wir zur Linken auf den Ww. »Tischoferhöhle«. Ein Pfad (»auf eigene Gefahr«) windet sich knapp 10 Minuten über steile Grashänge talwärts und trifft nach der Querung des Wasserleitungsweges auf eine Verzweigung. Die rechte Spur erreicht in zwei Minuten den mächtigen Felsbogen der geschichtsträchtigen **Tischoferhöhle (15)**. Von der Wegteilung geht es über eine steile Treppe mit Seilhandlauf in die wilde Kaiserbachschlucht hinab, über eine Steinbrücke hinweg und über mehr als 200 Stufen zu einem Wanderweg hinauf, der rechts zur **Theaterhütte (16)** führt. Kurz dahinter können wir rechts von der Straße in 10 Minuten zum Parkplatz am **Kaiserlift (17)** hinablaufen.

Links: Vom Hochalmsattel nach Vorderkaiserfelden läuft die Route an der Südflanke des Zahmen Kaiser entlang.
Rechts: Das Anton-Karg-Haus in Hinterbärenbad mit Totenkirchl, Hinterer Karlspitze und Kleiner Halt (von links).

HINTERBAREN BAU

TOP **46**

Kaisertal und Hinterbärenbad, 936 m

5.30 Std.

In den »Festsaal des Kaisergebirges«

Der bedeutende Kaiser-Kenner Fritz Schmitt stellt in seinem »Buch vom Wilden Kaiser« zu Recht die Frage: »Denke Dir, du wärest Weltenbauer. Könntest du das Kaisertal schöner gestalten?« Der waldreiche, von berühmten Kletterbergen eingerahmte Kessel von Hinterbärenbad, die Antoniuskapelle mit ihrer Bergkulisse, der benachbarte, schon im 13. Jahrhundert urkundlich erwähnte Hinterkaiserhof mit seinem blühenden Bauerngartl oder der gewaltige Felsbogen der geschichtsträchtigen Tischoferhöhle, das sind Bilder, die man nicht vergisst und die fast das ganze Jahr über Menschen anlocken. Es ist zu hoffen, dass der unverwechselbare Charakter des Kaisertals auch nach dem Bau eines Zufahrtstunnels erhalten bleibt.

Talorte: Kufstein, 499 m; Ebbs, 475 m.
Ausgangspunkt: Eichelwang, 495 m. Busse von Kufstein. Zufahrt: Autobahnausfahrt Kufstein-Nord bis zum Kreisverkehr, dort 1,0 km in Richtung Ebbs und dort rechts 0,7 km zum gebührenpflichtigen Kaisertal-Parkplatz.
Höhenunterschied: 580 m.
Anforderungen: Breite Treppenanlage, Sträßchen und Wanderwege.
Einkehr: Veitenhof (Di. Ruhetag), Berghof Enzian, Pfandlhof (Do. Ruhetag), Hinterkaiserhof, Anton-Karg-Haus (AV, bew. Mai bis Mitte Okt., 30 B., 70 L., Tel. +43 5372 62578), Hans-Berger-Haus (TVN, bew. Mitte Mai bis Mitte Okt., 25 B., 40 L., Tel. +43 5372 62575).
Varianten: 1. Über die Tischoferhöhle ins Kaisertal: Vom Parkplatz über die Kaiserbachbrücke, dann links zur Theaterhütte hinauf. Dort links weiter, an einem Spielplatz vorbei und an den folgenden Verzweigungen wieder links. Über 220 Stufen in die Kaiserbachschlucht hinab und jenseits der Brücke über einen gesicherten Steig zu einer Weggabelung. Der linke Steig erreicht in 2 Min. die Tischoferhöhle, geradeaus geht es im Zickzack zur Kaisertalstraße hin-

Der Hinterkaiserhof – in Blumen gebettet, von Bergen umrahmt.

auf (gut 1 Std. vom Parkplatz, Trittsicherheit und Schwindelfreiheit erforderlich, »rot«).
2. Vom Hinterkaiser in 2 Std. über den »Oberen Weg« nach Hinterbärenbad: Auf der Straße links weiter und in ½ Std. zu einer Gabelung, dort rechts zur Hechleitalm, dahinter auf einem Waldsteig ins Bärental hinab. Jenseits des Baches mit Gegenanstieg über einen Rücken hinweg nach Hinterbärenbad (»blau«).

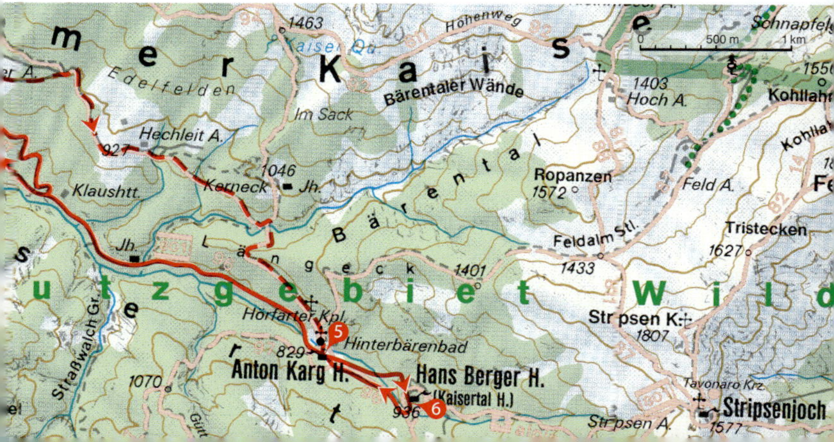

Unter dem mächtigen Bogen der Tischoferhöhle.

Gegenüber dem Parkplatz in **Eichelwang (1)** steigen wir über die **Sparchenstiege** (mehr als 280 Stufen) ins Kaisertal hinauf und folgen dort dem Sträßchen Nr. 801 über die Neapelbank (dahinter Einmündung von Variante 1) und den **Veitenhof (2)** zum **Pfandlhof (3)**. Hinter diesem halten wir uns an den linken Fahrweg über die **Antoniuskapelle** zum **Hinterkaiser (4)**, wo das Sträßchen links als Variante 2 weiterführt. Geradeaus geht's auf dem mittleren Kaisertalweg zuerst eben über eine Wiese, dann auf einem Waldpfad zum Talsträßchen (Klaushütte) hinab und auf diesem über das **Karg-Gartl** und die **Hörfarterkapelle** zum **Anton-Karg-Haus (5)** in **Hinterbärenbad**. Für die abschließende kleine Runde über das **Hans-Berger-Haus (6)** wählen wir hinter der Gedenkstätte für verunglückte Bergsteiger den Wanderweg (links) für den Auf- und den Fahrweg für den Abstieg. Wir bleiben auf diesem und wandern am kürzesten in Sichtweite des Kaiserbachs über die Klaushütte und zwei Tunnel (Umgehung ausgeschildert) zum **Pfandlhof (3)** und über die **Sparchenstiege** nach **Eichelwang (1)** zurück.

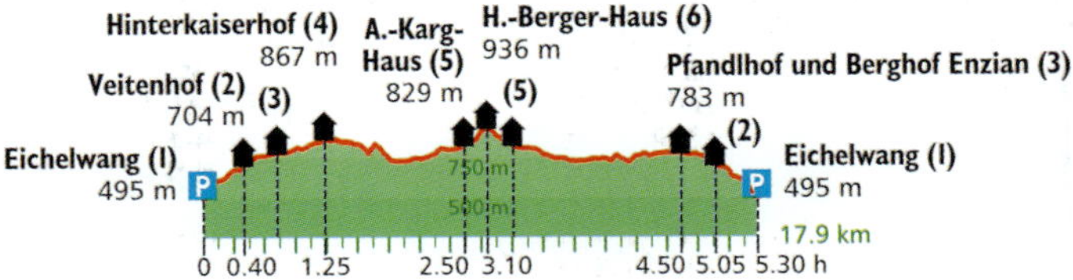

6.30 Std.

Naunspitzl, 1633 m, und Petersköpfl, 1745 m

47

Beliebte Aussichtskanzeln über dem Inntal – fast ganzjährig besucht

Mit dem Naunspitzl und dem Petersköpfl bieten sich im Westen des Zahmen Kaiser zwei luftige Aussichtswarten über dem Inntal an, die fast das ganze Jahr über Besuch erhalten. Wer es auf dem Weg dorthin gemütlich angehen will, übernachtet auf der Vorderkaiserfeldenhütte oder der Ritzaualm und nimmt den Gipfelsturm auf deren Hausberge am zweiten Tag in Angriff. Einen begeisternden Anblick bietet etwa in der zweiten Maihälfte der gelb leuchtende Gipfel des Naunspitzl, in dessen Geröll und Fels um diese Zeit Hunderte Felsaurikeln blühen. Gewandten Kindern bietet der Kaisertal-Zugang über Kaiserbachschlucht und Tischoferhöhle (Variante 1) viel Spannung.

Talorte: Kufstein, 499 m; Ebbs, 475 m.
Ausgangspunkt: Kaisertal-Parkplatz in Eichelwang, 495 m. Zufahrt wie Tour 46.
Höhenunterschied: 1300 m, nur Naunspitzl 1140 m, nur Petersköpfl 1250 m.
Anforderungen: Große Treppe ins Kaisertal, breite Wanderwege bis Vorderkaiserfelden, dann ausgetretener Steig zum Petersköpfl (weitestgehend »blau«). Der kurze Abstecher zum Naunspitzl erfordert Trittsicherheit (»rot«).
Einkehr: Veitenhof, Ritzaualm (fast gj. bew., Tel. +43 5372 63624), Vorderkaiserfeldenhütte (AV, fast gj. bew., 30 B., 50 L., Tel. +43 5372 63482), Hinterkaiser, Pfandlhof.

Varianten: 1. Über die Tischoferhöhle ins Kaisertal (siehe Tour 46 Variante 1).
2. Abstieg vom Petersköpfl über Hinterkaiserfelden nach Vorderkaiserfelden (ca. ¾ Std. länger, »rot«).
3. Abstieg von Vorderkaiserfelden über den Hinterkaiserhof und die Antoniuskapelle. Route: An der 2. Wegteilung unterhalb der Hütte links in Richtung »Hinterbärenbad«, auf einem Waldsteig durch die »Hölle« zu einer Straßengabelung, dann rechts über Hinterkaiser, Antoniuskapelle und Pfandlhof ins Tal (»blau«, 20 Min. länger).
Tipp: Alpenblumengarten und Klettergarten in Vorderkaiserfelden.

Viel besucht und fast ganzj. offen, die Vorderkaiserfeldenhütte. Links: Hinteres Sonnwendjoch.

Am Petersköpfl. Links unten die Ritzaualm, rechts das Naunspitzl. In der Bildmitte links Kufstein, rechts Kiefersfelden, darüber Brandenberger Alpen und Bayerische Voralpen.

Ein Brunnen und eine Übersichtstafel markieren in **Eichelwang (1)** den Eingang ins **Kaisertal**, der auf der breiten **Sparchenstiege** über eine steile Geländestufe führt. Anschließend folgen wir dem Talsträßchen über die Neapelbank und den nur für Anlieger bestimmten Zubringertunnel ein gutes Stück über den **Veitenhof (2)** hinaus bis zu einer Verzweigung, an der wir uns links halten. Auf dem breiten AV-Weg 816 wandern wir in gleichmäßiger Steigung

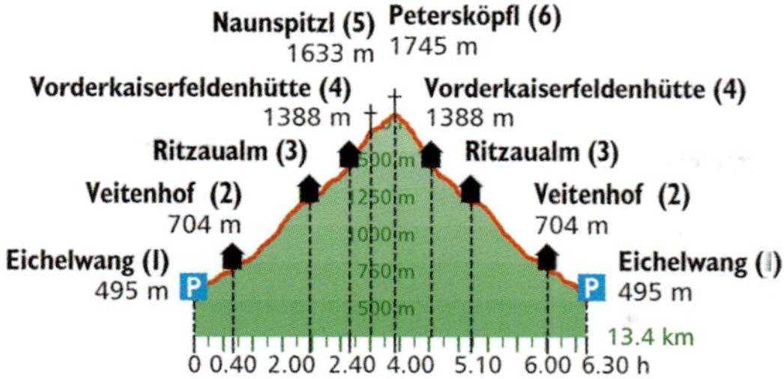

durch den Wald auf den Sattelboden der **Ritzaualm (3)** und dahinter über Almgelände und durch einen Waldgürtel zur **Vorderkaiserfeldenhütte (4)** hinauf. Hinter dieser windet sich ein ausgetretener Pfad durch lichten Bergwald zu einer Wegteilung auf einem grasigen Sattel. Links erreichen wir in Kürze über steile Schrofen das **Naunspitzl (5)**, auf dem rechten Steig eine Latschenschulter mit Weggabelung, an der es rechts zum nahen **Peterskōpfl (6)** geht. **Abstieg** wie Aufstieg oder auf dem Weg von Variante 2 oder Variante 3.

Der schrofige Gipfelhang des Naunspitzl ist im Mai von blühenden Felsaurikeln übersät.

48 Hechtsee und Thierberg, 721 m

3.00 Std.

Verträumte Waldseen und ein Aussichtsturm

Eine lange Saison zeichnet die genussvolle Wanderung zwischen Hechtse[e,] Pfrillsee und Längsee sowie dem Thierberg mit seiner reizvollen Kapel[le] (eine ehemalige Einsiedelei) und einem Aussichtsturm mit Museum aus. U[m] noch eine Attraktion reicher aber ist sie in den Hochsommermonaten, den[n] unter Rücksichtnahme auf geschützte Uferzonen ist nicht nur im Hechtse[e] das Baden (auf eigenes Risiko) erlaubt.

Talorte: Kiefersfelden, 492 m; Kufstein, 499 m. Bus- und Bahnhaltestellen.
Ausgangspunkt: Wanderparkplatz an der Thierseestraße, 510 m. Zufahrt: In Kiefersfelden (B 15) Richtung Breitenau und auf der Thierseestraße an einer alten Bahnlinie entlang zum Wanderparkplatz.
Höhenunterschied: 300 m.
Anforderungen: Gut markierte, schöne Wanderwege.
Einkehr: Badeanstalt am Hechtsee, Whs. Neuhaus.
Variante: Man kann die Wanderung auch am Hechtseebad beginnen (beschilderte Zufahrt von der Bundesstra[ße] zwischen Kiefersfelden und Kufstei[n,] Parkplatz), sie ist dann ½ Std. kürzer. Anstatt den See zu umrunden gehen w[ir] kurz vor Ende der Tour am südseitige[n] Ufer zum Parkplatz zurück.

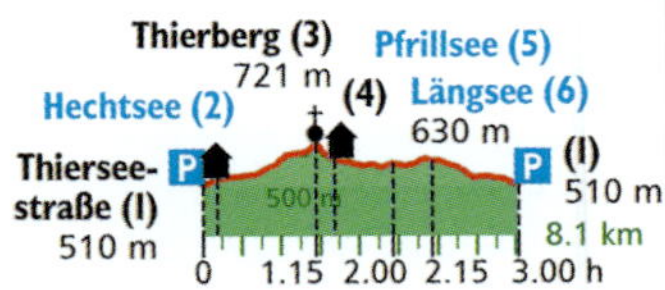

Gleich beim Parkplatz gehen wi[r] über den **Kieferbach (1)** und dann rechts von einem Wasserfall über eine gut ausgebaute Geländestufe zum **Hechtsee (2)** hinauf, dessen Abfluss einen von den Faulstoffen im See herrührenden, intensiven Schwefelgeruch verbreitet. Wir überqueren den Bach beim Austritt aus dem See und wandern am linken (nordostseitigen) Seeufer zur **Badeanstalt** und zum Parkplatz an der Südostecke des Gewässers (Ausgangspunkt der Variante). Von dort geht es noch kurz rechts am Südufer entlang zu einer Verzweigung, dann links stets durch den Wald in Richtung »Thierbergkapel-

Im herbstlichen Hechtsee spiegelt sich der Wilde Kaiser.

le« auf eine Anhöhe. Nach einem kurzen Abstieg zu einer Wegteilung auf einem Wiesensattel führt uns der linke Wanderweg zuerst am Waldrand entlang, dann in einigen Kehren durch den Wald zur **Thierbergkapelle (3)** und zu dem benachbarten **Aussichtsturm** mit Museum hinauf. Anschließend wandern wir über Kreuzwegstationen in Richtung Kufstein hinab und können bei einer Weggabelung links zum **Wirtshaus Neuhaus (4)** ausscheren oder uns gleich für die rechte, direkte Route zum Pfrillsee entscheiden. Letztere führt im leichten Anstieg über eine Lichtung zu einer Asphaltstraße und auf dieser zum Klettergarten-Parkplatz an der Straße Kufstein – Thiersee hinaus. Wir queren die Straße nach links versetzt und steigen durch den Wald zum stillen **Pfrillsee (5)** ab. Danach kehren wir zur Thierseestraße zurück, queren diese etwas weiter oben und wandern durch den Wald zu einer Verzweigung hinter dem **Längsee (6)** (in der Karte: Langsee), halten uns dort links und folgen dem Hechtbach zuerst auf einer Forststraße, dann auf einem Wanderweg zum **Hechtsee (2)** hinab. Über das linke (westliche) Ufer erreichen wir seinen Abfluss und kehren auf der Aufstiegsroute zum **Ausgangspunkt (1)** zurück.

49 Brünnstein, 1619 m

5.00 Std

Leichter Hüttenweg – anspruchsvolle Gipfelsteige

Am Brünnstein, einem felsigen Trapez über dem Inntal bei Oberaudorf, bekommt man gelegentlich Steinböcke zu Gesicht. Unter seinem Gipfelaufbau steht das Brünnsteinhaus, an dem sich mehrere Wege treffen. Von hier führt der mit Metalltreppen und Seilen gut ausgebaute Dr.-Julius-Mayr-Steig zum Gipfel und zwängt sich dabei durch einen originellen, schulterbreiten Felsspalt. Der Steig schenkt Bergwanderern, die Luft unter den Sohlen vertragen, und auch Kindern unter Führung erfahrener Alpinisten hautnahen Kontakt und Freude am Fels. Daneben führt auch ein etwas leichterer Normalweg zum Gipfel. Beide Routen lassen sich zu einer spannenden Rundtour verbinden.

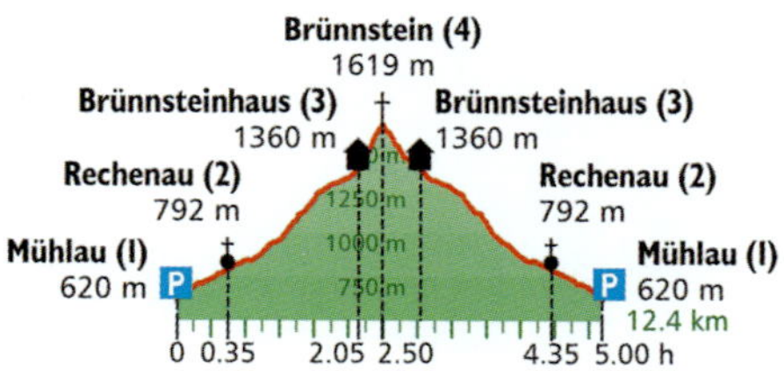

Talorte: Kiefersfelden, 492 m; Oberaudorf, 483 m. Bus- und Bahnhaltestellen.
Ausgangspunkt: Brünnstein-Parkplatz in Mühlau, ca. 620 m. Zufahrt: Von Oberaudorf-Mühlbach (Nähe Burgtor) ca. 3 km dem Ww. »Mühlau, Brünnstein« bis zu einer Schulbushaltestelle folgen, dort rechts 300 m zum Parkplatz.
Höhenunterschied: 1000 m.
Anforderungen: Schattiger Wirtschaftsweg zum Brünnsteinhaus (»blau«, im Winter Rodelbahn). Der Normalweg zum Gipfel ist stellenweise mit Eisenbügeln und Seilen gesichert (»rot«). Der noch anspruchsvollere Dr.-Julius-Mayr-Steig setzt alpine Erfahrung, Trittsicherheit und Schwindelfreiheit voraus (Stellen »schwarz«).
Einkehr: Brünnsteinhaus (AV, fast gj. bew., 14 B., 40 L., Tel. +49 8033 1431).

Von **Mühlau (1)** auf einem gut beschilderten Wirtschaftsweg durch einen ausgedehnten Waldgürtel über **Rechenau (2)** – dort rechts, kurz darauf links! – zum **Brünnsteinhaus (3)**.

Wenn Sie auf dem »Normalweg« weiter ansteigen wollen, gehen Sie zunächst wenige Minuten westwärts zu einer Wegteilung, dort rechts, an einem Felssockel entlang, dann im Zickzack durch lichten Wald und über Grashänge hinauf und zuletzt mit Hilfe von Eisenbügeln und einem Drahtseil auf die Gipfelschneid und zur Kapelle auf dem **Brünnstein (4)**.

Wenn Sie sich am Dr.-Julius-Mayr-Steig versuchen möchten, nehmen Sie östlich des Hauses Weg Nr. 657, der durch den Wald und über drei kürzere Drahtseilpassagen an den Felsaufbau des Brünnstein heranführt. Dann geht es durch einen Felsspalt hindurch und über Eisentreppen hinauf, nach weiteren Drahtseilpassagen balkonartig um ein Felseneck herum, anschließend über Fels- und Schrofenbänder, durch eine steile Mulde und über eine gesicherte Steilstufe auf einen kleinen Grat, der nordwärts zum **Gipfel (4)** zieht. **Abstieg** zum **Brünnsteinhaus (3)** auf dem Normalweg und weiter zum **Parkplatz (1)** hinab.

Mit Kindern über den Dr.-Julius-Mayr-Steig auf den Brünnstein.

50 Trainsjoch, 1708 m

4.45 Std.

Ein Amphitheater über Almweiden

Die Wanderung auf das etwas abseits gelegene Trainsjoch gleicht ab der Trainsalm einem Gang über die Ränge eines nach Süden offenen Amphitheaters, auf dessen Bühne die Alm steht. Vom Gipfel hat man einen schönen Ausblick auf die Voralpen, das Kaisergebirge und den Alpenhauptkamm.

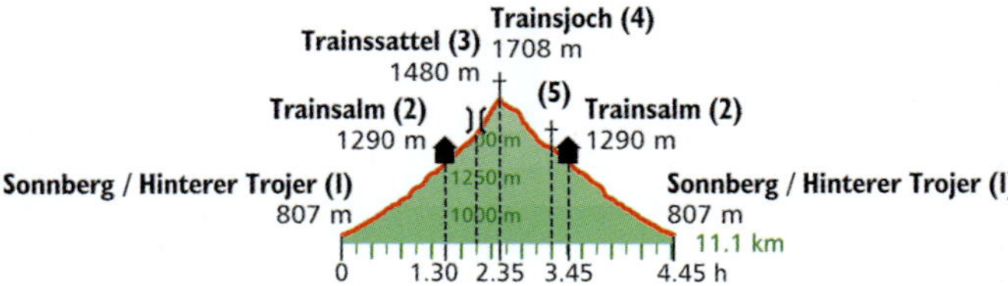

Talort: Vorderthiersee, 619 m, Passionsspielort an den Buslinien 4046 Kufstein – Vorderthiersee und 4048 Tegernsee – Vorderthiersee – Kufstein.
Ausgangspunkt: Sonnberg (Hinterer Trojer), 807 m. Zufahrt: Von der Straßengabelung in Vorderthiersee 3,9 km in Richtung Bayrischzell bis Schmiedthal (Bushaltestelle der Linie Kufstein – Bayrischzell). Dort scharf rechts ab und auf schmaler Bergstraße 1,8 km zum Hinteren Trojer. Parken am Straßenrand, dabei bitte niemand behindern.
Höhenunterschied: 950 m.
Anforderungen: Straße und Wanderweg zur Trainsalm und zum Sattel (»blau«). Gipfelaufbau und Ostgrat erfordern Trittsicherheit (»rot«). Der Steig ist markiert und vom Gelände vorgegeben; er verliert sich in der Graszone.
Einkehr: Trainsalm (bew. Juni bis Okt.).

Am Trainsjoch – Ausblick auf (von links) Veitsberg, Guffert und Hinteres Sonnwendjoch.

In der Verlängerung der Zufahrt zum **Hinteren Trojer (1)** gehen wir auf einer Forststraße zuerst über drei Kehren, dann etwa 2 km geradeaus weiter, bevor wir etwa 150 m nach einer Rechtskehre auf eine **Abzweigung** (»Trainsalm 30 Min.«) treffen. Der alte Almweg führt durch den Wald und an einem Graben entlang zur Trainsalm und trifft dabei vier Mal auf die Forststraße. Beim ersten Mal kreuzt er sie, beim zweiten Mal tangiert er sie, beim dritten Mal folgt er ihr ca. 80 m und beim vierten Mal laufen beide gemeinsam in den nahen Kessel der **Trainsalm (2)**. Dort holen wir rechts zur Jausenstation aus oder steigen gleich links zu den oberen Hütten hinauf, an einer Kapelle vorbei und auf eine Grasschulter. Rechts geht es an einzeln stehenden Bäumen entlang und auf undeutlichem Pfad zu einem **Sattel (3)**, dann erneut rechts (nordwärts) auf deutlichem Weg über einen Grasrücken und steiler über kleine Holztreppen und felsige Absätze durch einen Latschengürtel zum aussichtsreichen **Trainsjoch (4)**. Der **Abstieg** erfolgt nach rechts (ostwärts) über eine größere und mehrere kleinere, latschenbewachsene Kuppen zu einer Weggabelung. Hier geradeaus (Ww. »Schmiedthal«) über Grasrücken zu einem bereits sichtbaren, großen **Holzkreuz (5)**; der Weg dorthin verliert sich in den Almwiesen. Vom Kreuz steigen wir rechts zu einer Almstraße ab und wandern auf dieser durch eine weite Grasmulde zur **Trainsalm (2)** hinab, von der wir über unsere Aufstiegsroute nach **Sonnberg (Hinterer Trojer) (1)** zurückkehren.

TOP **51**

Pendling, 1563 m

3.15 Std

Markanter Felskegel als Torsäule über dem Tiroler Unterinntal

Fährt man auf der Inntalautobahn vom Alpenvorland nach Kufstein, so steuert man hinter der Grenze auf einen abweisenden Felskegel zu, den Pendling. Man mag beim ersten Anblick kaum glauben, dass dieser Berg auf der abgewandten Seite auch eine »Schwachstelle« hat und sowohl auf einem schattigen Wanderweg als auch auf einer Straße leicht zugänglich ist. Durch die viel gerühmte Aussicht und die üppige Blumenpracht, die sich in der Gipfelregion im Mai und Juni entfaltet, hat sich der Pendling einen Namen gemacht.

Talort: Vorderthiersee, 620 m, Passionsspielort, Bus von Kufstein.
Ausgangspunkt: Ghf. Schneeberg, 960 m, gebührenpflichtiger Privatparkplatz. Zufahrt: Von Vorderthiersee 1,8 km in Richtung Hinterthiersee, dann links ab und 1,6 km nach Schneeberg (zu Fuß gut 1 Std. von Vorderthiersee).
Höhenunterschied: 720 m.
Anforderungen: Gut markierte Wanderwege und Forststraßen.
Einkehr: Ghf. Schneeberg, Kufsteiner Haus (privat, bew. Mai mit Okt., zeitweise auch an Winterwochenenden), Kalaalm (bew. Weihnachten bis Ende Okt., Winterwanderweg, Rodelbahn).

Vom **Gasthof Schneeberg (1)** wandern wir (Ww. »Pendling«) auf einem Forststräßchen in weiten Schleifen knapp 200 Hm hinauf zu einer Straßenkreuzung. Hier halten wir uns links und erreichen nach kurzer Zeit den Scheitel der Forststraße (Kaltwasser) **(2)**, wo der Wanderweg zum Pendling abzweigt. Er zieht zuerst ostwärts durch den Wald zum Fuß einer Felswand hinauf, beschreibt

dann mehrere Schleifen, passiert eine kleine Höhle und erreicht auf der Kammhöhe die links zum **Kufsteiner Haus (3)** führende Straße.
Vom Gasthaus steigen wir in wenigen Minuten auf den **Pendling (4)** und folgen hinterm Kreuz einem Steig westwärts zur Straße hinab. Wer der kürzesten Route den Vorzug gibt, der geht von hier auf dem Aufstiegsweg zum Parkplatz zurück. Die Runde über die **Kalaalm (5)** hingegen folgt der leicht steigenden Straße etwas über deren Scheitel hinaus, bis rechts ein beschilderter Steig in Richtung »Kalaalm, Schöne Aussicht« abzweigt und durch den Wald sowie über Weidegelände zum großen Gasthaus hinabführt. Auf einer Forststraße (im Winter Rodelbahn) oder auf dem alten, markierten Almweg wandern wir von der Kalaalm durch den Wald nach **Schneeberg (1)** hinab.

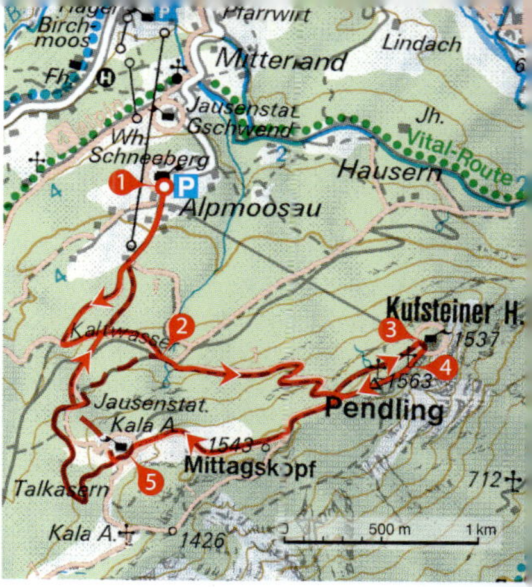

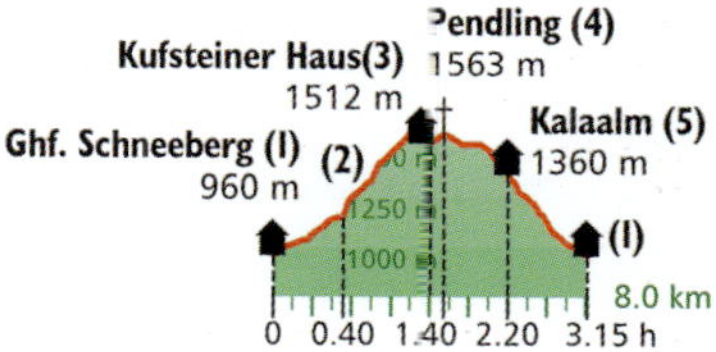

Panorama am Pendling. Linke Seite: Kufsteiner Haus, dahinter die Inntalberge und der Geigelsteinstock. Rechts: Kufstein am Inn, Zahmer Kaiser, Kaisertal, Wilder Kaiser (v. li.).

52 Feuerköpfl, 1291 m, und Köglhörndl, 1645 m

6.15 Std

Bescheidene Gipfel am Rand des Inntals mit großer Schau

Die Gipfel und Kuppen der Brandenberger Alpen an der nordseitigen Inntalkante empfehlen sich durchwegs als Logenplätze. Sie überraschen ihre Besucher mit einer begeisternden Aussicht, die in südlicher Richtung bis hin zum Alpenhauptkamm reicht. Das gilt besonders für das Köglhörndl; doch auch wer nur die kleine Runde bis zum Feuerköpfl schafft (für Kinder empfohlen), wird vom Ausblick angetan sein. In jedem Fall findet man im zentral gelegenen Höhlensteinhaus eine willkommene Einkehrmöglichkeit.

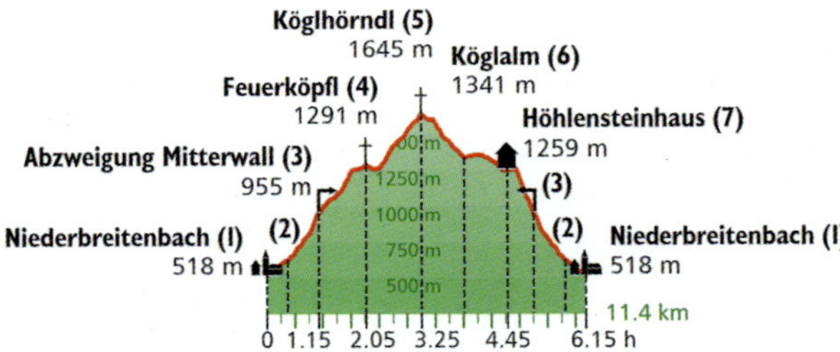

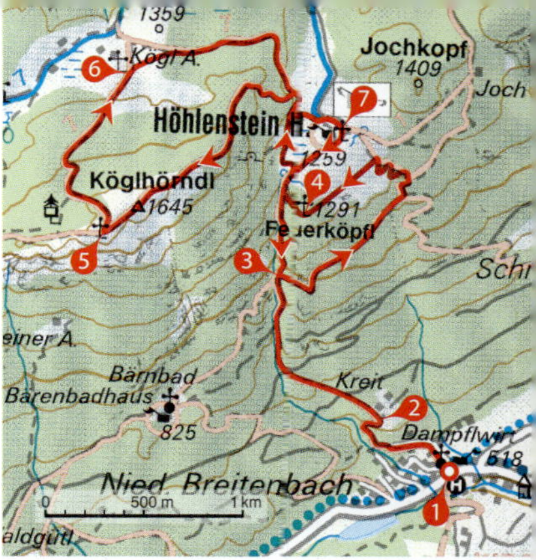

Ausgangspunkt: Niederbreitenbach, 518 m, an der Buslinie Kufstein – Niederbreitenbach – Wörgl. Zufahrt mit dem Pkw über die Inntalautobahn, Ausfahrt Kirchbichl.
Höhenunterschied: Feuerköpfl knapp 800 m, Köglhörndl 1200 m.
Anforderungen: Gut markierte, weitgehend bewaldete und z. T. steile Steige, die starken Erosionskräften (Regenwasser) ausgesetzt sind und abschnittsweise Trittsicherheit erfordern.
Einkehr: Höhlensteinhaus.

In **Niederbreitenbach (1)** zweigen wir an der Kapelle von der Hauptstraße in den Kapellenweg ab (Ww. »Höhlenstein 2 Std.«) und gehen dann über den Kreithweg etwa 700 m bis kurz vor den Straßenscheitel hinauf. Unmittelbar vor einem Graben nehmen wir rechts einen bewaldeten Hohlweg auf und erreichen kurz darauf eine Wegteilung. Hier und an der folgenden Verzweigung halten wir uns am besten rechts (Ww. »Rudersburg«) und wandern über die Lichtung von **Kreith (2)** (in der Karte: Kreit) und einen alten Almweg

Panorama am Hundsalmjoch. Links Köglhörndl, unten das Inntal bei Kirchbichl (re.). Hinten von links Zahmer und Wilder Kaiser, Steinberge, Berchtesgadener und Kitzbüheler Alpen.

Marterl am Weg zum Feuerköpfl. Ein Zeugnis von der Hilflosigkeit gegen Naturgewalten.

bis zur zweiten (!) Forststraße hinauf. Nahe am Graben geht es nun noch etwa 200 Hm mühsam in Richtung »Höhlenstein« weiter. Dann treffen wir im Abstand von etwa 10 m auf zwei **Wegteilungen**. Unser Vorschlag: An der zweiten Verzweigung rechts hinauf und später links herab. Der Steig »über **Mitterwall**« **(3)** erreicht bald eine Forststraße, folgt dieser nach links über eine Doppelkehre zum Straßenscheitel und zweigt dort links ab. In mehreren Schleifen windet er sich zu Felsaufbauten hinauf (2 Rastbänke) und zieht dann links davon in einer Rinne auf ein Weideplateau hinaus, wo er am Waldrand auf eine Viehtränke trifft. Geradeaus geht es nun auf kürzestem Weg zum Höhlensteinhaus, wir aber gehen im Linksknick in knapp 10 Minuten über kupiertes, schütter bewaldetes Gelände auf das **Feuerköpfl (4)**. Hier wählen wir nicht den deutlichen Steig zum Höhlensteinhaus, sondern steigen links davon in ein Schartl ab, aus dem zwei Wege rechts weiterführen. Wir nehmen den linken, der am Rand des sonnigen Almkessels entlangläuft und dann im Wald zu einer **Wegteilung** ansteigt. Hier beginnt unsere Rundtour über das Köglhörndl. Auf dem »Adlerweg« geht es links auf einen Absatz. Dort drehen wir scharf nach links und streben über einen licht bewaldeten Rücken (Zaun) südwärts auf die Kammhöhe zu. Dieser folgen wir im Bereich der Geländekante und durch wellige Latschengassen über einen Vorgipfel zu einer Weggabelung. Links erreichen wir mit wenigen Schritten das aussichtsreiche **Köglhörndl (5)**, geradeaus geht es in Kürze zu einer weiteren Verzweigung. Hier halten wir uns rechts, steigen durch einen Lärchenwald auf einen kleinen Boden und von dort zuerst schräg rechts durch den Wald, dann ziemlich weglos – Markierung an Steinen beachten! – zu einem **Feldkreuz** ab. Zwischen diesem und der **Köglalm (6)** drehen wir rechts ab, steuern in leichtem Gegenanstieg auf einen Wiesenzipfel zu und wandern von seiner Spitze in weitem Rechtsbogen um eine bewaldete Bergflanke herum. Unmittelbar am Waldausgang geht es links zum gut sichtbaren **Höhlensteinhaus (7)** hinüber. Nach einer Rastpause durchqueren wir den Almkessel zum Schartl, das wir zuvor einmal gequert haben, steigen von diesem auf steinigem Pfad zu den eingangs erwähnten Weggabelungen und von diesen auf bekannter Route nach **Niederbreitenbach (1)** ab.

6.15 Std.

Hundsalmjoch, 1637 m, und Hundsalm-Eishöhle, 1520 m

53

Von der Inntalkante in die einzige Eis- und Tropfsteinhöhle Tirols

Die Hundsalm-Eishöhle war seit Menschengedenken zwar den Hirten bekannt, doch erst in den Jahren 1920/21 wurde ein Vermessungsplan angefertigt. Seit 1967 ist sie als Schauhöhle geöffnet; die Führung dauert etwa 20 Minuten. Die Höhle ist einer der äußerst seltenen Orte, an denen man ganzjährig Eis und Sinter nebeneinander antrifft; das Muttergestein ist Wettersteinkalk. Forscher unterscheiden fünf Räume: den Eisdom (erster und zugleich größter Raum), die Tropfsteinhalle mit dem »Christuskopf«, die Sinterkammer, die untere Randkluft (tiefster Punkt des Führungsweges) und den Eiskeller. Das Alter des Eises der unteren Schichten wird auf 500 Jahre geschätzt. Die Länge des mit 200 Stufen ausgebauten Weges beträgt 180 m. Die Höhle ist vom 15. Mai bis 30. September geöffnet, in der Hauptsaison von Mitte Juni bis Ende August täglich von 10 bis 16 Uhr, sonst nur an Wochenenden und Feiertagen. Erfahrungsgemäß ist das Eis zu Saisonbeginn am schönsten. Neben dem Abstieg ins Erdinnere lohnt auch ein Besuch des sehr aussichtsreichen Hundsalmjochs, das eine lange Saison vorweisen kann. Gleiches gilt für den Gasthof Buchacker, der sogar an Winterwochenenden häufig bewirtschaftet ist und auch ohne Höhle und Gipfel zu einer Wanderung animiert.

Talorte: Angerberg, 641 m; Mariastein, 575 m.

Ausgangspunkt: Parkplatz Lettenbichlhof in Embach, 618 m, gebührenpflichtig. Zufahrt: Auf der Inntalautobahn zur Ausfahrt Kirchbichl, dann über Niederbreitenbach nach Mariastein. Dort nicht links zur Wallfahrtskirche hinauf, sondern auf der Talstraße noch 1,4 km bis zur Bushaltestelle »Franzlerbrücke« (Buslinie Wörgl – Mariastein). Dort rechts abzweigen (Ww. »Eishöhle, Buchacker«) und über Gasthaus Schlossblick 1,3 km zum Parkplatz.

Höhenunterschied: 1150 m.

Anforderungen: Almstraßen, Wanderwege und markierter Gipfelsteig. Warme Kleidung für die Höhlenführung mitnehmen!

Einkehr: Ghf. Buchacker (bew. 1. Mai bis Okt., Mo. Ruhetag, im Winter bei günstiger Schneelage und Witterung von Fr. bis So. bew.).

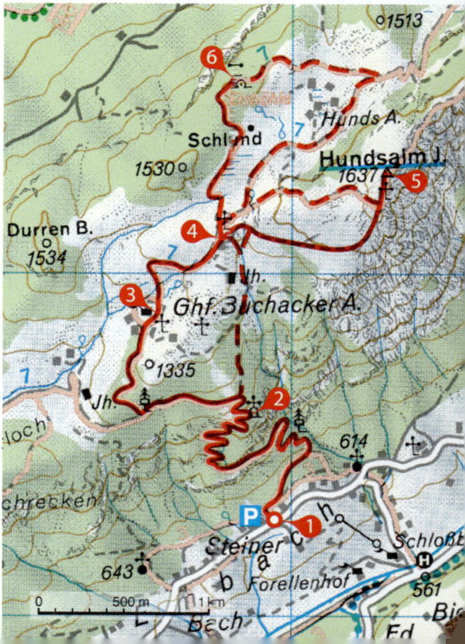

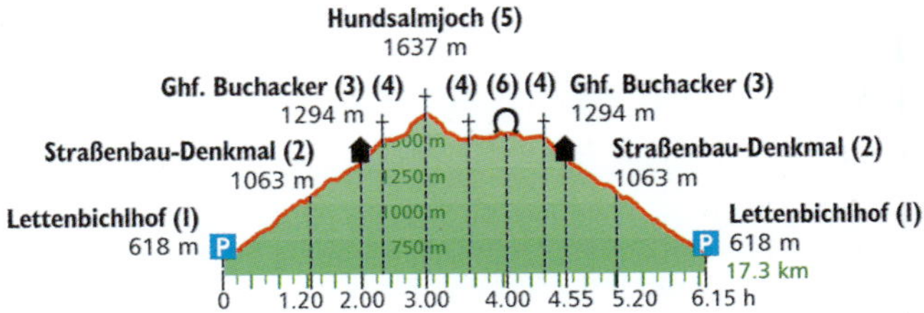

Varianten: 1. Haspelweg (stellenweise »rot«): An der zweiten Kehre oberhalb des Denkmals zweigt ganz rechts der nicht markierte, aber gut erkennbare »Haspelweg« ab, zieht an einem bewaldeten Osthang entlang – nicht abzweigen! – und mündet 5 Min. hinter zwei großen Steinmännern in Almwiesen (üppige Enzianblüte im Mai/Juni). Kurz darauf folgt er einem reizvollen Bächlein und erreicht am Ende der Bachmulde rechts den Weg zum Hundsalmjoch bzw. links oben die Wegteilung bei Hütte und Daxerkreuz.
2. Von der Eishöhle über die Hundsalm in 40 Min. zum Daxerkreuz zurück.
3. Vom Hundsalmjoch westwärts (rechts) durch Latschen, lichten Wald und über Bergweiden in ½ Std. zum Daxerkreuz bzw. in ¾ Std. zur Hundsalm.
Tipp: Wallfahrtskirche Mariastein.

Das Hundsalmjoch, eine prächtige Aussichtskanzel über dem Inntal.

Der Christuskopf (rechts) ist das bekannteste Gebilde in der Hundsalm-Eishöhle.

Vom **Parkplatz Lettenbichlhof (1)** wandern wir auf der Buchackeralmstraße über eine licht bewaldete, sonnseitige Steilflanke in vielen Kehren zum **Straßenbau-Denkmal (2)** und zu einer Verzweigung hinter einer ausgeprägten Flachpassage, dort rechts zum **Almgasthof Buchacker (3)**. Dann gehen wir auf dem Sträßchen auf die Kammhöhe zu einer Wegteilung zwischen dem »Adlerhorst« (Aussichtsturm) und dem **Daxerkreuz (4)**. Zum **Hundsalmjoch (5)** läuft der Weg von der Hütte rechts höhengleich am Hang entlang zu einem Graben und quert dahinter durch lichten Wald auf die Südseite des Hundsalmjochs hinaus. Dort stoßen wir auf einen Steinhag (Weidezaun), der uns an einer Abbruchkante entlang über freies Gelände steiler zum großartigen Aussichtspunkt beim Gipfelkreuz führt (siehe Panorama von S. 164/165). Von hier steigen wir wieder ab zur Wegteilung am **Daxerkreuz (4)** und folgen nun dem vormals linken Sträßchen zur **Hundsalm-Eishöhle (6)**. Nord- und nordostwärts geht es über Wiesen, durch eine Senke und durch lichten Wald zur Forscherhütte am Höhleneingang, von wo wir uns in die Unterwelt führen lassen. Auf dem Zustiegsweg oder über die Hundsalm (Variante 2) wandern wir über den **Almgasthof Buchacker (3)** zum **Parkplatz Lettenbichlhof (1)** zurück.

54 *Kleiner Pölven, 1562 m*

4.30 Std.

Wenig beachteter Bergstock zwischen Kufstein und Wörgl

Der Pölven, ein selten besuchter, schroffer und stark bewaldeter Bergstock südwestlich des Kaisergebirges, wirft zwei etwa gleich hohe Kuppen auf: den Großen und den Kleinen Pölven. Am Letztgenannten sind zwei felsige Erhebungen nach den Dörfern Schwoich und Söll benannt. Von den drei üblichen Anstiegsrouten – dem Prof.-Sinwel-Klettersteig, dem Anstieg von der Peppenau und der Südroute von Söll – ist die Letztgenannte am einfachsten, doch auch sie ist steil und erfordert trockene Verhältnisse.

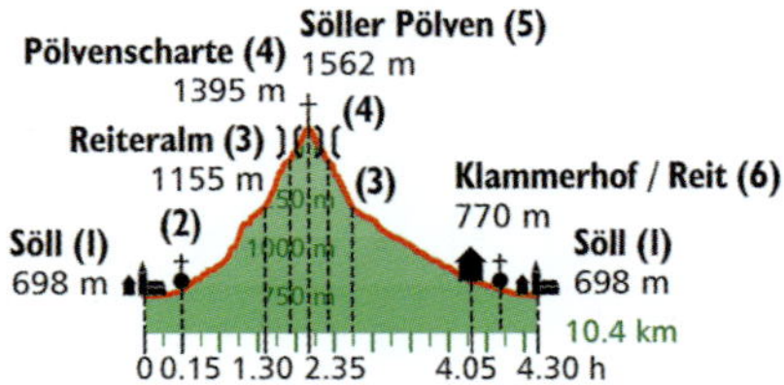

Talort/Ausgangspunkt: Söll, 698 m, an der Bushaltestelle.
Höhenunterschied: 870 m.
Anforderungen: Erst bequeme Almstraße, dann steiler Gipfelweg mit Seilsicherungen. Trittsicherheit und etwas Schwindelfreiheit erforderlich, nicht bei Nässe!
Einkehr: Gasthäuser in Söll, Ghf. Hochfilzer in Reit.
Variante: Pölven-Rundweg, Einstieg an der Pirchmooser Kapelle möglich, 20 km, 5½ – 6 Std., gut beschildert, kurzzeitig steile Querung an der Ostseite des Pölven (Seilgeländer), sonst breite Wanderwege und Sträßchen. Technisch leichter als die Gipfelrouten!

Von der Dorfmitte von **Söll (1)** auf einer Straße zur **Pirchmooser Kapelle (2)**, knapp 100 m dahinter auf Weg Nr. 4 rechts über eine Wiese zu einer Gabelung im Wald. Nun nicht rechts zu einem Gehöft, sondern zuerst geradeaus, dann links auf eine steile Rippe, die zu den Wiesen der **Reiteralm (3)** hinaufführt; man erreicht diese zuletzt auf einem Sträßchen. Das gleiche Sträßchen bietet sich schon weiter unten als bequemer, aber längerer Zugang

Die Lengauer Kapelle am Pölven-Rundweg (Variante), ein beschaulicher Rastplatz.

zur Reiteralm (über den Gasthof Hochfilzer und den Reiter Klammerhof) an. Von der Reiteralm links am Waldrand über steile Bergweiden, dann im Wald (einige Sicherungsseile) in den **Sattel (4)** zwischen Großem und Kleinem Pölven. Hier zweigt man rechts ab und steigt weniger steil zu einer weiteren Weggabelung in Gipfelnähe an. Die linke Spur führt zum **Schwoicher Pölven**, die rechte zum etwas höheren **Söller Pölven (5)**.
Der Abstieg führt hinter der Reiteralm über das erwähnte Sträßchen zum Klammerhof hinunter; dort wandern wir links über **Reit (6)** zurück nach **Söll (1)**.

55 Hohe Salve, 1829 m

6.00 Std.

Der »Rigi Tirols«, ein gefesselter Berg

Ein auf der Hohen Salve gefundener Gegenstand aus der Bronzezeit lässt den Schluss zu, dass hier bereits unsere Vorfahren Sonnenfeste gefeiert haben. Auf dem aussichtsreichen Gipfel, der dem Berg einst den Ehrennamen »Rigi Tirols« eingebracht hat, steht seit über 400 Jahren ein wiederholt vom Blitz getroffenes Kirchlein, an dessen Seite später das Salvehaus und neuerdings zusätzlich ein großes Gipfelrestaurant mit drehbarer Panoramaterrasse errichtet wurden. Der Berg ist heute auf allen Seiten stark verliftet, gleichsam mit Stahlseilen gefesselt, als wollte man ihm jeden Fluchtversuch verwehren. Ein bedrückendes Bild für jeden Naturfreund! Die Mittelstation in Hochsöll umgibt ein mit über 60 Stationen ausgestatteter Freizeitpark. Auf der hier vorgestellten Wanderung von Söll auf die Hohe Salve kann man sich auf Wunsch auch ganz oder teilweise einer Gondelbahn bedienen; man hat in jedem Fall großen Gestaltungsspielraum.

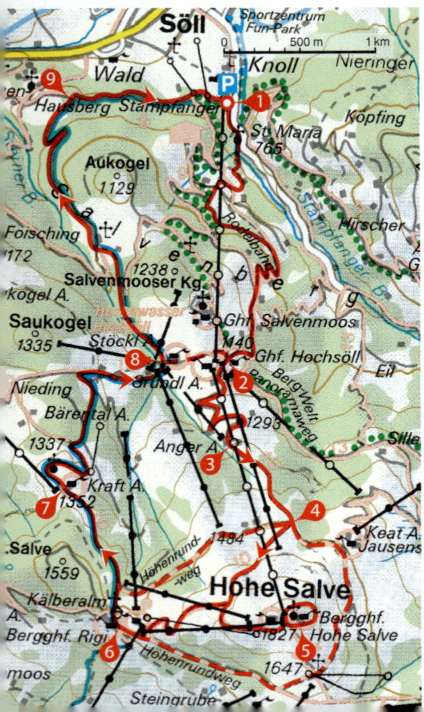

Ausgangspunkt: Söll, 698 m, Talstation der Bergbahn Hochsöll, 740 m. Betrieb Mitte Mai bis Mitte Okt. von 9 – 17 Uhr (Tel. +43 5333 5260).
Höhenunterschied: Bis zu 1100 m.
Anforderungen: Gut markierte Straßen und Wanderwege (»blau«), Aufstieg zwischen Keatalm und Gipfel steil, stellenweise »rot«.
Einkehr: Ghf. Hochsöll, Gründlalm, Ghf. Hohe Salve, Ghf. Rigi, Kälberalm, Kraftalm, Stöcklalm, Jst. Oberhausberg.
Tipp: Chronik im Salvenkircherl, Barockkirche in Söll. Wasserspiele und Hexenweg auf der Gründlalm (»Hexenwasser«), Sonnenuhrenweg um den Salvengipfel.
Varianten: 1. Themen-Rundweg in Hochsöll. Siehe dortige Übersichtstafel.
2. Höhenrundweg um die Hohe Salve ab Kälberalm (1½ Std., Weg Nr. 71).
3. Von der Stöcklalm in gut 5 Min. zur Mittelstation Hochsöll hinauf.

Von der Talstation in **Söll (1)** wandern wir auf Weg Nr. 9 am Bach und unter der auf einem Felsen thronenden Stampfangerkapelle (St. Maria) vorbei über die Rodelbahn in vielen

Die Sonnenuhr am Gipfel der Hohen Salve verrät Jahres- und Uhrzeit der Aufnahme.

Schleifen durch Wald und über Wiesen nach **Salvenmoos** und **Hochsöll (2)** (Gasthof, Gründlalm, Freizeitpark »Hexenwasser«, Mittelstation der Bergbahn). Auf Weg Nr. 50 geht es über die **Angeralm (3)** zur **Keatalm (4)**, dahinter ziemlich steil über die Nordflanke auf die **Hohe Salve (5)**. Für den Abstieg schlagen wir folgende Route vor: Vom Gipfel westwärts über den Sendemast und ein großes Holzkreuz zum **Berggasthof Rigi (6)** und zur **Kälberalm** (Sattel). Von dort auf bequemer Sandstraße rechts über die **Kraftalm (7)** zur **Stöcklalm (8)** (Weg Nr. 70). Vor dieser links abzweigen und am rechten Ufer des Steinerbachs über die Einöde **Forsching** und eine Forststraße zur **Jausenstation Oberhausberg (9)** und weiter zur **Talstation (1)** hinab (Weg Nr 9).

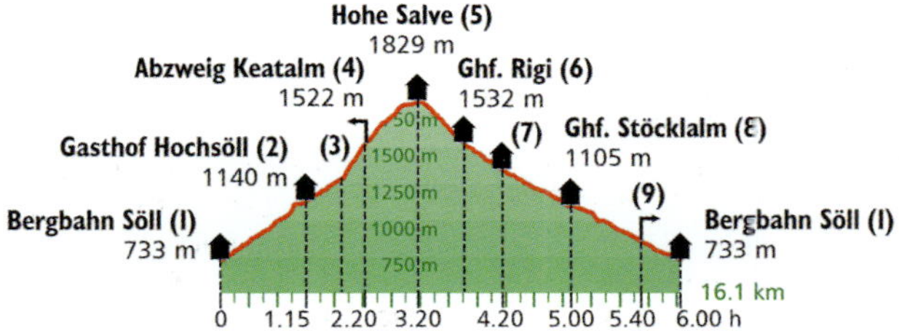

56 *Rund um den Wilden Kaiser*

4 Tage

In vier Tagen die schönsten Schauplätze im Kaiser erwandern

Die im Kaisergebirge seit Langem bestehenden, landschaftlich und auch technisch recht interessanten Steige drängen den Wanderer geradezu zu einer mehrtägigen Rundtour, die auf allen Abschnitten gut unterbrochen werden kann und im Tal allerorten ans Busnetz angeschlossen ist. Der hier vorgeschlagene viertägige Kurs setzt typisch »kaiserliche« Akzente, führt zu klassischen Aussichtspunkten und vermittelt ein sehr anschauliches Bild von der Wildheit des Gebirgsstocks. Auf der dritten und vierten Etappe ist vorwiegend der 1990 eröffnete Wilde-Kaiser-Steig (WKS, gelb-schwarz markiert) wegführend, der St. Johann bzw. Kirchdorf mit Kufstein verbindet.

Talort: Kirchdorf i. T., 641 m.
Ausgangspunkt: Griesenau, 727 m, Busse von Kufstein und St. Johann i. T. Parkplatz vor der Mautstelle am Eingang ins Kaiserbachtal, 732 m. Beschilderte Zufahrt (0,7 km) vom Whs. Griesenau.
Höhenunterschied: 2850 m.
Anforderungen: Etwa 70 % Wanderwege (»blau«), 25 % alpine Steige (»rot«), ca. 5% im Grenzbereich »rot /schwarz«. Trittsicherheit, Schwindelfreiheit und gute Kondition erforderlich, nicht bei großer Hitze oder bei Schnee bzw. in einer Schlechtwetterperiode! Auf der letzten Etappe genügend Getränke mitnehmen. Auskunft über die Begehbarkeit des Jubiläumssteiges (vierte Etappe und Schlüsselpassage der Tour) auf der Gruttenhütte bzw. im Internet einholen.
Einkehr: Whs. Griesenau, Fischbachalm, Grieseneralm, Stripsenjochhaus (AV, bew. Mitte Mai bis Mitte Okt., 50 B., 130 L., Tel. +43 5372 62579), Hans-Berger-Haus (TVN, bew. Mitte Mai bis Mitte Okt., 25 B., 40 L., Tel. +43 5372 62575), Anton-Karg-Haus (AV, bew. Mai bis Mitte Okt., 30 B., 70 L., Tel. +43 5372 62578), Kaindlhütte (privat, bew. Mai mit Okt., 42 Schlafplätze, Tel. +43 664 1686568), Walleralm (bew. Mai bis Okt., Nächtigung nur nach Voranmeldung, Tel. +43 664 9858139); Steiner-Hochalm (bew. Juli mit Sept.), Gruttenhütte (AV, bew. Juni bis Mitte Okt., 48 B., 105 L., Tel. +43 5358 2242).
Varianten: Auf dem Rundweg bieten sich für erfahrene und gut trainierte Alpinisten neben der Besteigung der Ellmauer Halt von der Gruttenhütte aus (siehe

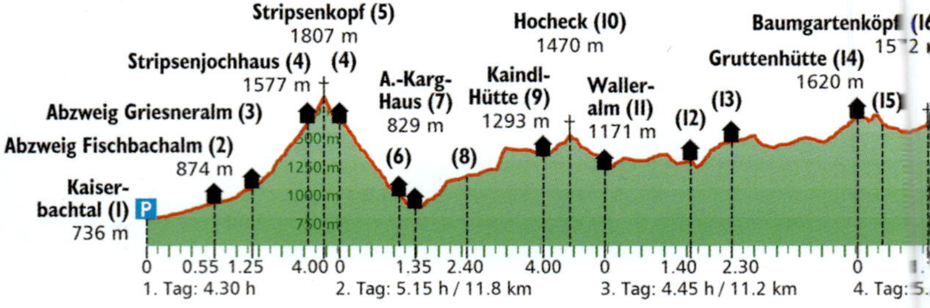

Das Tavonarokreuz am Stripsenjoch vor der Kulisse berühmter Kletterberge.

Tour 35) auch zwei häufig begangene Nord-Süd-Überschreitungen mit und ohne zusätzlichen Gipfel an: 1. über den Scheffauer (vgl. Touren 41 und 44), 2. über das Ellmauer Tor mit oder ohne Hintere Goinger Halt (vgl. Touren 18 und 32).

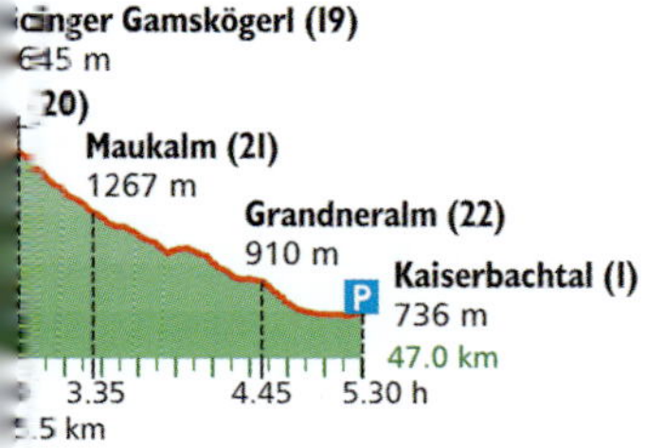

Wer die Rundtour in drei Tagen durchführen möchte, sollte die zweite Etappe teilen und am ersten Abend auf der Kaindlhütte (u. U. auch schon in Hinterbärenbad) nächtigen.

Hinweis: Wenn von einer Begehung des Jubiläums- und des Schaflsteiges abgeraten wird, kann man von der Gruttenhütte in 2 Std. über die Wochenbrunneralm nach Ellmau (Bushaltestelle) absteigen oder in 5½ Std. nach St. Johann wandern. Man steigt in beiden Fällen von der Gruttenhütte südwärts zu einer beschilderten Wegkreuzung ab und geht von dort links zur Gaudeamushütte. Rechts davon folgt man dem Mittleren Höhenweg Nr. 822 über Josefshütte, Schleierwasserfall, Diebsöfen, Rummlerhof und Ghs. Hinterkaiser nach St. Johann (weitgehend »blau«, stellenweise »rot«).

1. Tag: Von der Griesenau zum Stripsenjoch

Vom **Parkplatz** nahe der Mautstelle am Eingang ins **Kaiserbachtal (1)** gehen wir zur Brücke zurück und wandern auf der Gegenseite (Schattseitweg) stets am Bach entlang zur **Grieseneralm (3)** hinauf, wobei das Gelände erst hinter der **Fischbachalm (2)** merklich ansteigt. Zu beiden Gasthäusern hin kann der Bach bei Bedarf gut überquert werden, ansonsten bleiben wir auch hinter der Grieseneralm auf der Südseite des Kaisertalbachs. Ein breiter Weg führt durch lichten Wald und in weiten Schleifen über die Schotter- und Grashänge der Russenleiten, anschließend durch einen Waldgürtel auf ein Geröllfeld am Fuß der von Predigtstuhl (links) und Fleischbank (rechts) flankierten Steinernen Rinne. In westlicher Richtung erreichen wir in Serpentinen über eine steile Hangmulde das **Stripsenjoch (4)** mit dem gleichnamigen Haus und dem Tavonarokreuz mit seinem großartigen Panorama. Nach einer Erholungspause lohnt es sich, mit wenig Gepäck dem **Stripsenkopf (5)** einen Besuch abzustatten, von dem aus wir die berühmten Kletterberge auf der Kaiser-Nordseite bestaunen können (von links: Predigtstuhl, Fleischbank, Totenkirchl und Kleine Halt).

2. Tag: Vom Stripsenjoch zur Walleralm

Vom **Stripsenjoch (4)** steigen wir zu Beginn der zweiten Tagesetappe westwärts in Richtung »Hinterbärenbad, Kufstein« ab. In weiten Kehren geht es an

zwei Wegteilungen vorbei zur Neustadler Wiese am Fuß der Kleinen Halt hinab und rechts des Kaiserbaches zum **Hans-Berger-Haus (6)**. Von diesem erreichen wir auf dem Wanderweg oder einem Sträßchen das **Anton-Karg-Haus (7)** im waldreichen Kessel von Hinterbärenbad. Links davon nehmen wir den **»Bettlersteig«** auf, der uns an schattigen Nord- und Nordwesthängen entlang und über Gräben zur **Straßwalch-Jagdhütte (8)** führt. Über weitere Gräben hinweg und um einen Rücken herum sowie im vielfachen Zickzack erreichen wir über einen Steilhang eine Wegteilung auf einer Einsattelung. Links geht es eben zu einem Sträßchen weiter und auf diesem zuletzt fallend zum reizvollen Dörfl um die **Kaindlhütte (9)** auf der Steinbergalm. Nach einer ausgiebigen Rastpause – wahlweise auch einer Nächtigung – gehen wir zur Wegteilung hinter der Kapelle zurück und wandern kurz auf dem rechten Sträßchen, dann links auf ausgetretenem Pfad über Almweiden zum Schartl unter dem **Hocheck (10)** hinauf, von dem es nur noch ein Katzensprung auf den Gipfel ist. Jenseits steigen wir zuerst über einen schütter bewaldeten Hang, dann in ebener Querung durch den Wald auf einen Sattel ab. Hinter diesem führt der Steig über eine schneisenartige Lichtung und durch einen Waldstreifen, dahinter in einer seichten Rinne und über Weidegelände zur **Walleralm (11)** hinab. Hier treffen wir auf den **Wilden-Kaiser-Steig** (WKS), dem wir auf den folgenden eineinhalb Tagesetappen an der Südflanke des Gebirgszuges entlang von W nach O folgen.

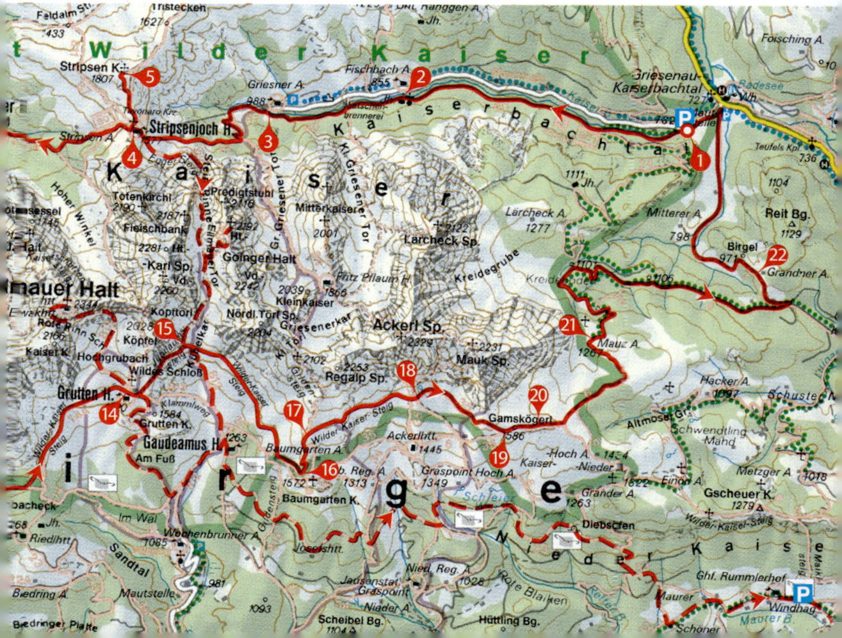

Die Kaiserkette von Süden (Hollenauer Kreuz): Scheffauer Kaiser (links), Ellmauer Kaiser (Mitte), Goinger Kaiser (rechts). Der Wilde-Kaiser-Steig verläuft unterhalb der Felsfluchten.

3. Tag: Von der Walleralm zur Gruttenhütte

Von der **Walleralm (11)** geht es links (südostwärts) über eine Grasrippe hinweg, dann in einer bewaldeten Rinne auf eine Schulter. Anschließend verläuft der Wilde-Kaiser-Steig als »Jägersteig« wiederholt am Sockel von Felswänden entlang, über drei Schuttreisen hinweg (Ausblick zum Hintersteinersee) und durch einen ausgedehnten Waldgürtel wellig zur **Steiner-Hochalm (12)**, an der fünf Wege zusammentreffen. Geradeaus ostwärts queren wir eine Weidemulde in Richtung »Kaiser-Hochalm«, steigen dann in einem Buchenwald zu einem Traktorweg hinauf und folgen diesem höhengleich auf die Weiden der westlichen **Kaiser-Hochalm (13)** hinaus, zu der das Gelände noch einmal etwas ansteigt. Beim Almbrunnen geht es rechts weiter, südseitig um den Sonnenstein herum und durch Rinnen zu zwei kurz aufeinanderfolgenden Wegteilungen hinab. An der ersten halten wir uns rechts, an der zweiten links und folgen dem Pfad über ein Blockfeld hinweg. Anschließend schlängelt sich unser Weg im wiederholten Auf und Ab durch Latschengassen und Buschwerk, durch lichten Wald und über Geröllfelder um den West- und Südsockel des Treffauer-Tuxeck-Stockes herum, bis er sich zum Wirtschaftsweg der **Gruttenhütte (14)** hinab etwas senkt und diesem links zu unserem 3. Etappenziel folgt.

4. Tag: Von der Gruttenhütte zurück in die Griesenau

Zum Abschluss unserer Rundtour haben wir kurz hinter der **Gruttenhütte (14)** mit dem **Jubiläumssteig** die Schlüsselpassage zu meistern (siehe Tour 33). Der WKS läuft von der Hütte leicht steigend am Hang entlang ostwärts um einen Grasrücken herum, der dann jäh in eine Schlucht abbricht. Eisen-

klammern und Drahtseile erweisen beim Abstieg wertvolle Dienste, ebenso beim sofortigen Wiederaufstieg, der uns zuerst über Fels, dann über eine Leiter und zwei massive Eisentreppen in eine Scharte führt. Es folgt ein langer, nur ganz leicht steigender, an luftigen Stellen mit Drahtseilen, Trittbügeln und einer Minibrücke gesicherter Quergang. Hoch über dem Abgrund führt er um Ausbuchtungen herum, durch ein Felsentor und auf teilweise splittrigen Wegpassagen an wilden Felsflanken entlang ins **Kübelkar (15)**. An dessen Rand steigen wir kurz auf einen Absatz (mit großem Stein) ab, queren dann den von Latschenstreifen unterbrochenen Schuttstrom in seiner ganzen Breite ostwärts. Dort dürfen wir nicht rechts zur Gaudeamushütte absteigen, sondern gehen etwa höhengleich über ein unmittelbar anschließendes Geröllfeld, dann durch Latschengassen und über Schrofenhänge, die von vier kleinen Rinnen unterbrochen sind und an einem wilden Graben enden. Hinter diesem hilft uns ein Drahtseil über ein Felsband, ehe wir an einer Grasflanke entlang zum **Freiberghaus** und oberhalb desselben hinter einem Latschenfeld zur Kreuzung der Wege 823 und 815 gelangen. Rechts können wir über einen Grassattel hinweg einen fünfminütigen Abstecher zum **Baumgartenköpfl (16)** machen, einem der schönsten Rastplätze im Wilden Kaiser. Danach steigen wir auf dem linken Weg (»Gildensteig«, Nr. 815) in gut 20 Minuten über eine Rippe zur originellen **Wildererkanzel** und dahinter zur Wegteilung am grasigen **Hochfeld (17)** hinauf. Der WKS 823 schert hier rechts aus und zieht als »**Schaflsteig**« etwa eine Stunde lang im mäßigen Auf und Ab quer über einen ausladenden, steilen Schrofenhang, über Geröll und über felsige Bänder (einige Seilpassagen) zu einer Wegteilung im westlichen Hochgrubachkar und von dort in wenigen Minuten geradeaus auf den **Ackerlsporn (18)** mit den Grundmauern der **alten Ackerlhütte**. Diese markiert etwa die halbe Wegstrecke und das Ende der schwierigeren Passagen. Nun geht es etwas absteigend über die große Geröll- und

Blockmulde des östlichen Hochgrubachkares zum unauffälligen **Goinger Gamskögerl (19)** am Südsockel der Maukspitze. Hier setzt der lange, wellige Latschen- und Grasrücken des Niederkaiser an, dem wir mehr ab- als ansteigend über die felsdurchsetzte Kuppe des unscheinbaren **Kirchdorfer Gamskögerl (20)** zu einer Wegteilung auf einem kleinen Boden folgen. Dort zweigen wir links zur **Maukalm (21)** ab, zu der wir über einen latschenbedeckten Seitenkamm und zuletzt durch eine Grasmulde absteigen. Den Weiterweg gibt uns eine windungsreiche Almstraße vor, die auf etwa halber Strecke hinter einer Forsthütte kurz ansteigt. Ihr folgen wir noch ein langes Stück bis zu einer Wegkreuzung: rechts »Federboden-Rundweg«, links »Griesenau Nr. 7«. Der scharf links abzweigende Forstweg steigt bis zu einem Schärtchen leicht an, hält sich an der folgenden Gabelung links und stößt gleich darauf auf eine Lacke und die Grundmauern der **Grandneralm (22)**. Dahinter führt ein Waldsteig über teils feuchte Passagen (Steg und Geländer) zu einer Almlichtung (Hütte) hinab, überquert dort einen Bach und läuft links davon durch einen Kessel zu einer großen, ebenen Wiese (Hütte) und über diese in die **Griesenau** hinaus. Beim ersten Bauernhaus treffen wir auf die Straße ins Kaiserbachtal, die rechts nach 100 m das Ghs. Griesenau und links nach 600 m den **Ausgangspunkt (1)** der Rundtour erreicht.

Treffauer, Kaiserkopf und Ellmauer Halt (von links) vom Baumgartenköpfl (WKS).

Stichwortverzeichnis

Umschlagbild:
Ausblick vom Baumgartenköpfl (Tour 30) auf Kaiserkopf, Ellmauer Halt, Kopftörlgrat und Vordere Karlspitze (von links).

Bild im Innentitel:
Ausblick vom Wilden-Kaiser-Steig auf den Hintersteinersee und Pölven. Hinten die Kitzbüheler Alpen (Tour 56, 3. Etappe).

Bild S. 22/23:
Der Faulernhof in Hinterberg (Tour 21) mit Maukspitze, Ackerlspitze, Gamsfluchten und Lärcheck (von links).

Alle 115 Fotos von Sepp Brandl.

Kartografie:
56 Wanderkärtchen im Maßstab 1:50.000 und 1:75.000
Zwei Übersichtskärtchen im Maßstab 1:250.000 und 1:500.000

Die Ausarbeitung aller in diesem Führer beschriebenen Wanderungen erfolgte nach bestem Wissen und Gewissen des Autors. Die Benützung dieses Führers geschieht auf eigenes Risiko. Soweit gesetzlich zulässig, wird eine Haftung für etwaige Unfälle und Schäden jeder Art aus keinem Rechtsgrund übernommen.

10., erweiterte Auflage 2017

ISBN 978-3-7633-4084-2

Wir freuen uns über jeden Korrekturhinweis zu diesem Wanderführer!
Bitte per E-Mail an: leserzuschrift@rother.de

BERGVERLAG ROTHER · München
D-82041 Oberhaching · Keltenring 17 · Tel. +49 89 608669-0 · www.rother.de